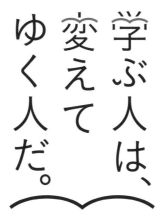

学ぶ人は、
変えて
ゆく人だ。

目の前にある問題はもちろん、

人生の問いや、

社会の課題を自ら見つけ、

挑み続けるために、人は学ぶ。

「学び」で、

少しずつ世界は変えてゆける。

いつでも、どこでも、誰でも、

学ぶことができる世の中へ。

旺文社

JN036264

大学入試 全レベル問題集

英 文 法

国士舘大学教授 小崎 充 著

5 私大最難関・
国公立大レベル

三訂版

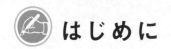

はじめに

　『大学入試 全レベル問題集 英文法』シリーズは，レベル１〜５の５段階で構成されています。高校１・２年生の基礎固めのレベルから，私大中堅〜上位校，さらには難関大レベルまで，すべてのレベルの問題がそろっているので，皆さんの今の実力にぴったり合った１冊で入試対策をスタートできます。大学入試で問われる英文法に関する知識を，入試過去問題で定着させながら段階的にレベルアップしていき，最終的には志望大学合格レベルまで着実に得点に結びつけられるように編集されています。

　大学入試で出題される文法問題には，長文読解問題とは異なる難しさがあります。長文読解問題では，数百語の長さの文章が与えられているため，わからない部分があったとしても，前後，周辺の文脈から意味を推測することができます。しかし，文法問題では，わずか１〜２行程度で示される英文の意味を文脈による推測に頼らずに正確にとらえ，正解を導く必要があるのです。

　本シリーズに掲載する演習問題を選定する際に最も注意を払ったのは，大学入試で問われる重要文法事項をできる限り広く扱うのは当然として，皆さんが問題を解いていく中で，文の意味を確定する力となる“文脈推理力”を高めていくのにより効果的な問題を，可能な限りたくさん含めることでした。

　ですから，この問題集を利用して学習することで，英文法の知識が確かなものとなるだけではなく，文脈を想像する力が増強されることで，文の意味をより正確にとらえることが可能になり，長文読解問題に取り組む際の強力な武器を手にすることになるでしょう。そして，それは大学でも，さらには社会に出てからも，皆さんにとって大きなアドバンテージになるものと信じています。

小崎　充

目 次

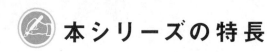

本シリーズの特長

『大学入試 全レベル問題集 英文法』シリーズには以下の特長があります。

1.「例題」⇒「押さえる」⇒「差がつく」の3部構成

　　本シリーズでは，それぞれの文法項目の知識を皆さんに徐々に深く身につけてもらう目的で，次のような3段階での学習を提案しています。①まずは簡潔に文法事項をおさらいするための**例題**，②基礎問題の**「押さえておきたい5題」**，③応用問題の**「差がつく4〜5題」**の3段階学習です。「差がつく」が全問正解できるようになると，実際の入試で本書と異なる設問形式で問われても対応できるような力がついているという目安になります。なお，『レベル⑤』では第1部だけがこの構成になっています。

2. 学習効率重視のレイアウトと出題

　　本シリーズでは，なるべくコンパクトな形の問題演習を目指しました。見開きページ内で**問題と解答解説が1対1で見られるようなレイアウト**となっているのも，読者の皆さんにリズム良くどんどん解いていってほしいからです。『レベル⑤』では第1部，第2部がこのレイアウトになっています。また，知識の定着を最大の目的としているので，四択問題や整序問題などの**スタンダードなタイプの設問形式を中心に**収録問題を選出していますが，『レベル⑤』では文法の総仕上げのために，正誤問題（間違い探し問題）も多く含まれています。

3. 入試過去問題から良問を精選

　　本シリーズに収録されている問題のほとんどが，**実際の入試で出題された過去問題**です。過去15年分以上，約6万5,000件の入試問題データから，各レベルに最適な問題を精選しました。

4. 総仕上げ——ランダム問題で真の実力を養成

　　実際の入試では，どの文法項目が対象となって出題されているのか，明らかにはされていません。まず，第1部の文法項目別の問題演習で知識の整理と拡充を行い，その後に，**いろいろな文法項目からの出題がランダムに提示される**第2部の設問形式別問題や，第3部の長文融合型の文法応用問題の演習を通じ，入試の実戦で運用できる文法力を完成させましょう。

志望校レベルと「全レベル問題集 英文法」シリーズのレベル対応表

＊ 掲載の大学名は購入していただく際の目安です。また, 大学名は刊行時のものです。

本書のレベル	各レベルの該当大学
① 基礎レベル	高校基礎〜大学受験準備
② 入試必修・共通テストレベル	入試必修・共通テストレベル
③ 私大標準レベル	日本大学・東洋大学・駒澤大学・専修大学・京都産業大学・近畿大学・甲南大学・龍谷大学・札幌大学・亜細亜大学・國學院大學・東京電機大学・武蔵大学・神奈川大学・愛知大学・東海大学・名城大学・追手門学院大学・神戸学院大学・広島国際大学・松山大学・福岡大学 他
④ 私大上位レベル	学習院大学・明治大学・青山学院大学・立教大学・中央大学・法政大学・芝浦工業大学・成城大学・成蹊大学・津田塾大学・東京理科大学・日本女子大学・明治学院大学・獨協大学・北里大学・南山大学・関西外国語大学・西南学院大学 他
⑤ 私大最難関・国公立大レベル	[私立大学] 早稲田大学・慶應義塾大学・上智大学・関西大学・関西学院大学・同志社大学・立命館大学 他 [国公立大学] 北海道大学・東北大学・東京大学・一橋大学・東京工業大学・名古屋大学・京都大学・大阪大学・神戸大学・広島大学・九州大学 他

著者紹介：**小崎 充**（こざき まこと）

北海道生まれ。東京外国語大学外国語学部英米語学科卒。同大学院修士課程修了。現在, 国士舘大学理工学部人間情報学系教授。主著は『入門英文法問題精講 [4 訂版]』(旺文社),『快速英単語 入試対策編』(文英堂) など。

「日本語でも外国語でも, 自分がどんな言葉を使っているのかを意識する力を『メタ言語能力』と言います。言葉の学びでは, このメタ言語能力を高めていくことが重要であり, 文法学習もメタ言語能力の向上にとても役立ちます。そして, それがリーディングやリスニングのスキル上達につながっていきます。」

〔協力各氏・各社〕

装丁デザイン：ライトパブリシティ　　　　編 集 担 当：清水理代
本文デザイン：イイタカデザイン

本書の使いかた

第1部

文法項目別問題　文法項目ごとにおさらいしよう！

この『大学入試全レベル問題集　英文法』シリーズは，レベル1からレベル5までの問題演習を通じて，段階的に文法知識を習得，整理できるように構成されていますが，本書はその学習の総仕上げです。第1部では，文法項目別の問題演習を行うことで，各文法項目の中で自分が苦手とする項目をあぶり出し，文法や構文，語法に関する知識のさらなる拡充を図ることができるようになっています。全10章にある各4題の ☑Check，「押さえておきたい5題」，「差がつく5題（あるいは4題）」の各問題を解くことで，基礎知識の定着が可能です。

第2部

設問形式別問題　設問形式別にトレーニングを積もう！

難関大学の入試では，多様な形式で文法知識が問われます。オーソドックスな短文空所補充問題や語句整序問題だけでなく，下線部正誤問題なども頻出です。さらに，同じ下線部正誤問題でも，文法・語法上の誤りが必ず含まれている場合はもとより，誤りがないものが出題される場合もあり，問題英文の正確な解釈が求められます。第2部では，こうした多様な出題形式に対応する力をつけるため，設問形式別に，いろいろな文法項目からの問題演習をランダムに行い，さらに上のレベルでの文法知識の運用力を高め，読解力との融合のための基盤を築き上げます。

第3部

長文融合型の文法応用問題　文法力の応用問題にチャレンジ！

大学入試での文法問題の出題の意図は，単に知識の蓄積をみるのではなく，豊富な知識を応用した正確な分析に基づき，英文内容を過不足なく理解できる力があるかどうかを確認することです。難関大入試では特に，読解問題中で文法知識を問う出題が多くなり，文法・語法の知識が英文読解力を大きく左右することになります。また，難関国公立大入試では英文和訳・要約の力も求められます。第3部の問題演習を通じて，英文の文脈を的確に把握した上で，柔軟に文法知識の応用ができる総合的な英語力を習得しましょう。

本書で使用している記号一覧

Vpp ·················	動詞の過去分詞
/, [ ] ·················	言い換え
( ) ·················	省略可
× ·················	誤りを示す
自 ·················	自動詞
他 ·················	他動詞
名 ·················	名詞
形 ·················	形容詞
副 ·················	副詞
接 ·················	接続詞
前 ·················	前置詞
熟 ·················	熟語

S ·················	主語
V ·················	動詞
O, O₁, O₂ ·············	目的語
C ·················	補語
S', V', O', C' ········	節中などにおける文の要素
(V) ·················	疑問文, 倒置における be 動詞および助動詞
☐ ·················	節を導く接続詞, 関係詞など

志望大学別 出題分析と学習アドバイス

🎓 早稲田大学

下線部正誤問題には間違いがないものもある

　文法問題の主役は下線部正誤問題で，法学部・社会科学部・人間科学部・スポーツ科学部で例年出題されます。どの学部でも選択肢に「間違いはないもの」が含まれているため，難度が非常に高くなっています。また，学部によっては，短文中の空所に適切な前置詞を選択する問題や語句整序問題も出題されることがあります。

文章中の空所補充では文脈把握力が求められる

　その他の学部では，文法問題が独立して出題されることはあまりありませんが，だからと言って文法力が軽視されているのではなく，長文中の空所に文脈に応じて適切な語を選択する形で文法の応用力が求められます。また，理工学部では長文中での語句整序問題も出題され，同様に文法力をベースとした高い文脈把握力が要求されます。

　◎ 問題演習の反復と英文の多読で英語表現を正確に身につけよう。

🎓 慶應義塾大学

適語句空所補充問題では空所が2か所の場合もある

　適語句空所補充問題は商学部や看護医療学部で出題されます。また，看護医療学部では，長文中の空所に文を入れて完成する形で，和文が示され，それに対応する英文を完成するという語句整序問題も出題されます。

長文総合問題でも文法・語法知識が必要

　独立した文法問題の出題がない学部でも，実際には長文中での空所補充などの形で文法知識が求められています。さらに，環境情報・総合政策学部を中心に，単純な文法知識だけではなく，語法知識の拡充も必要となります。また，一部の学部では和文英訳や自由英作文の出題もあり，ここでも文法の基礎知識の正確な活用が求められます。

　◎ 文法演習を早めに終え，語彙・語法知識の拡充を目指そう。

🎓 上智大学

下線部正誤問題で問われる文法事項は基本的

　下線部正誤問題は経済学部で出題されますが，問われる文法知識は実際には基本的なものが中心です。ただし，長文中での出題が中心であり，さらに語彙レベルがかなり高いので，文法力だけではなく，文脈を正確に把握する力が求められます。

空所補充問題は単問形式だけではなく長文での出題もあり

　短文中の空所補充問題も出題されることがありますが，より難度の高い長文中の空所補充問題も出題されます。他の難関私大対策と同様に，文脈把握力を上げておくことが前提となり，さらに語彙力のアップも重要な課題となります。また，全体的に問題数が多いので，解答に至るまでのスピードを上げていく必要もあります。

　👁 文法の基本知識を再確認の上，語彙力アップで解答速度の向上を図ろう。

🎓 関西学院大学

慣用表現と構文に関する知識を重視

　短文空所補充問題では，基本的な文法知識だけではなく，慣用表現に関する知識も求められます。語句整序問題が出題されることもあり，並べ替える語数は8語程度ですが，構文知識を軸に文構造を正確に組み立てる力が求められます。

会話文の空所補充問題では口語表現に関する知識が必要

　読解文中や会話文中の空所補充で文法知識が求められる場合もあります。いずれも基本的な文法・語法知識で対応できますが，特に会話文中では，口語的な慣用表現に関する知識が必要です。

　👁 文法演習をひと通り終えたら，語句整序問題の演習や口語表現の習得に重点的に取り組もう。

🎓 関西大学

読解長文中での空所補充が中心

　文法問題としての単独での出題は見られません。しかし，読解問題で英文中に設けられた15か所程度の空所に適切な語句を入れる問題が出題され，ここでは読解力だけではなく，文法・語法の知識も問われます。

問われる文法知識は多岐にわたる

　長文読解問題の空所補充で特に問われることが多いのは，現在分詞と過去分詞の使い分けや，前置詞と接続詞の区別といった基礎的な文法知識から，文章の流れを示すhowever や therefore などの接続副詞まで，多岐にわたります。したがって，英文の段落間の意味関係を意識した文章構造の理解も重要になります。

👁 文法学習をひと通り終わらせ，長文読解総合問題の演習を徹底的にやろう。

🎓 同志社大学

文の意味を正確にとらえての解答が必要

　文法問題が独立した大問として出題されることはなく，読解総合問題での空所補充問題や下線部同義表現選択問題で文法知識が問われます。文法知識や語彙・語法に関する知識だけでは十分に解答できず，出題英文の意味内容をしっかり読み取ることが必要になります。

読解問題では文法力の応用が求められる

　読解問題の英文中の空所補充では，文脈に応じて適切な前置詞を選択する問題が出題されることがあり，前置詞の語法に関する知識の拡充が必須です。さらに，下線部同義表現選択や本文内容の書き換え問題への対策として，文法問題演習を通じた正確な文意解釈トレーニングが効果的です。

👁 文法学習・語彙学習を通じて同義表現への意識を高めよう。

🎓 立命館大学

文法問題では文意を正確にとらえることが前提

　直接的に文法知識を問う問題としては，適語句補充問題が出題されることが多くなっています。問われる文法項目は基礎的なものですが，文意を正確にとらえないと正解にたどり着けない問題が出題されることがあります。また，語彙問題の一部では語法知識も問われます。

会話文空所補充問題の出題もある

　長文読解問題の英文中の空所に適切な語句を補充する設問も出題されますが，さらに，会話文中の空所を補うのに適切な表現を選択する問題が出題されます。どちらの形式の問題でも，基本的な文法・語法知識をおろそかにしてはいけません。

👁 文法問題の英文の文意を正確にとらえられるように，文脈想像力の育成を心がけよう。

🎓 東京大学

正誤問題は段落単位で判断

　前期日程，後期日程のどちらの日程でも読解問題が中心となりますが，前期日程では長文中の間違いを探し出す問題が出題されることがあります。一文中に間違いがあるのではなく，段落単位での判別となり，文構造も複雑な場合が多いので，かなり難度が高いと言えます。まずは文意を正確に読み取るのが対策の第一歩です。

構文や文構造に目を向ける意識が重要

　英文の下線部和訳ひとつとっても，実際にはかなり正確な文法知識の活用が求められます。特に，文構造を複雑にする倒置や省略，節と節の関係を読み取りにくくする接続詞，関係詞，分詞構文といった項目について，理解を深めておきたいところです。

👁 文法学習を早めに終わらせ，英文和訳を含む長文問題に取り組もう。

🎓 一橋大学

語句補充問題は適切な語形を意識

　独立した文法問題が出題されることはありませんが，長文読解問題中で適語句補充問題が出題されます。単に語句を選択するだけではなく，語形変化を考え，適切な形で解答する必要があります。また，語句整序問題が出題されることがあり，構文知識が求められます。

英作文問題でも文法知識が基盤

　与えられた写真や絵について状況を説明するという英作文問題が出題されますが，この形式の問題でも，基本的な文法・語法知識を正確に活用して記述することが重要です。

👁 長文読解でも，英作文でも動詞の語形を強く意識しながら，演習を行おう。

🎓 その他難関国公立大学

英文和訳では文法知識をもとに文構造を正確に把握

　その他の難関国公立大の入試では，文法問題単独での出題はほとんど見られず，長文読解問題が中心となります。特に，東北大学，京都大学，大阪大学，九州大学などでは長文中の下線部和訳問題が多く出題されますが，英文を正確に訳出するには，当然ながら文法知識が不可欠です。文構造を正しく読み取り，さらに，自然な日本語で表現する力が求められます。

どのような出題形式でも高い語彙力，正確な語法知識が必要

　北海道大学で出題される要約文中の空所補充問題では，語彙・語法の知識が求められます。また，長文中の部分英作文を出題する大学もありますが，この形式の問題では，文脈把握力とともに正確な文法知識をベースに英語を書く力が求められます。これは，その他の大学で出題される和文英訳問題についても同様です。さらに名古屋大学で出題される長文中の適語句補充問題では，高い語彙力と正確な語法知識が必要です。

👁 全般的文法学習が終わったら，多くの長文問題に取り組み，応用力を高めよう。

第1部

文法項目別問題

文法項目ごとにおさらいしよう！

1 時制・態

　このセクションでは，時制と態に関する知識の再確認を行いましょう。特に基本的な時制に関する知識に抜け落ちている部分がないかを確認するとともに，与えられた文の意味から能動・受動を正しく選択できるようにしておくことが重要です。

☑Check 1 時制の統一

> 下線部のうち，誤りを含むものを選べ。
> It was very noisy ①in the next apartment as my neighbors ②are having a party.
> ③So I asked them to ④hold it down. （慶應大）

正解 ② **are having → were having**

解説 第1文の It was noisy や第2文の asked から，過去の出来事について述べていることがわかるので，②の are を過去形の were にしなければなりません。なお，動詞 have は「持っている」の意味では状態動詞で進行形になりませんが，ここでは「～を開催する」という動作の意味で用いられているので，進行形が可能です。

和訳 隣人がパーティーを開いていたので，アパートの隣の部屋がとても騒々しかった。それで，私は彼らに静かにしてくれと頼んだ。

☑Check 2 時を表す副詞節における未来

> 下線部のうち，誤りを含むものを選べ。
> It would be better ①for you to ②make hotel reservations before ③you'll ④leave Tokyo tomorrow. （関西学院大）

正解 ③ **you'll → you**

解説 leave Tokyo「東京を発つ」のは tomorrow という未来のことですが，接続詞 before で導かれる時の副詞節内の表現なので，**意味が未来でも現在時制が必要**です。よって，③ you'll を you に直します。

和訳 君は明日東京を発つ前にホテルの予約を入れておいた方がよいと思う。

 文意に基づく能動と受動の区別（✓Check 4，押さえておきたい5題：1・2・4，差がつく5題：2・3・4参照）は頻出です。特に，日本語にすると能動文のように思えるものでも英語だと受動文で表現すべきものなどに注意しましょう。さらに，このレベルでは，基本的に進行形にしない状態動詞に関する知識（✓Check 3 参照）や，文脈に基づき時制を決める能力（✓Check 1，差がつく5題：5参照）が求められます。

✓Check 3 状態動詞と進行形

下線部のうち，誤りを含むものを選べ。
I ①am agreeing with the idea ②that doctors and nurses ③should do everything they can do ④to help patients.　　　　　　　　　　　　　　　（慶應大）

正解 ① **am agreeing → agree**

解説 agree「賛成する，同意する」は**状態動詞**なので，通常は進行形で用いません。よって，① am agreeing を単純現在の **agree** に直します。

和訳 私は医師や看護師は患者を助けるためにできることをすべてやるべきだという考えに賛同する。

✓Check 4 能動態と受動態の区別

下線部のうち，誤りを含むものを選べ。
Cooking was once regarded ①as an integral part of education in England — even if it was mainly ②aim at girls. In recent ③decades cooking has progressively become a peripheral activity ④in schools.　　　　　　　　（上智大）

正解 ② **aim → aimed**

解説 aim は〈**aim＋O＋at ～**〉で「**O を～に向ける**」という意味になります。if it was と be動詞 was が含まれているので，現在形［原形］の ② aim では誤りで，be aimed at ～ にすべきであり，**aimed** に直す必要があります。

語句 integral 形「不可欠な」，progressively 副「徐々に」，peripheral 形「周辺的な，重要でない」

和訳 料理はかつてイギリスの教育で不可欠な部分だとみなされていたが，それは主に女子が対象になっていたとしてもであった。この数十年では，料理は次第に学校では重要でない活動となっている。

次の各文の空所に入れるのに最も適切なものを選べ。

1 In cellos, the tones [ ] by playing a bow across a set of strings, which differs from the way a piano produces tones.

 ① are produced   ② are producing
 ③ being produced   ④ they produce

（慶應大）

2 Mental training, such as visualization and meditation, [ ] athletes over the years.

 ① has practiced   ② has been practiced by
 ③ has been practicing   ④ has been practice among

（慶應大）

3 More than 800 students are now enrolled in the new school and that number [ ] to rise to 2,000.

 ① will expect   ② is expecting
 ③ is expected   ④ has expected

（慶應大）

4 The shirt was three years old but it looked like a new one since it [ ] very much. In fact, it was still in its box.

 ① had been not worn   ② had not been worn
 ③ was not wearing   ④ was worn not

（慶應大）

5 The housing minister said yesterday that her government [ ] final approval for any new housing projects since March.

 ① had not given   ② will not give
 ③ to have denied   ④ denying

（慶應大）

1 ①

▶ the tones が文の主語になるので,「音が生み出される」という**受動態**の意味が適切であり, ① **are produced** が正解です。②では producing の目的語が不足し, ③, ④では文の主動詞が不足します。

[和訳] チェロでは1組の弦を横切るように弓を動かすことで音が生み出されるが, それはピアノの音の出し方とは異なっている。

2 ②

▶ 選択肢から, 動詞は **practice**「～を実践する」であるとわかり, 文の主語が Mental training なので, **受動態が適切**です。よって, 完了形の受動態に動作主を導く前置詞 by のついた ② **has been practiced by** が正解になります。

[和訳] 視覚化や黙想のようなメンタル・トレーニングは, 長年にわたり運動選手により実践されている。

3 ③

▶〈**expect＋O＋to** *do*〉で「**O が…すると予想する**」ですが, ここでは目的語 (O) がないので, **受動態の be expected to *do* が適切**です。よって, ③ **is expected** が正解になります。①, ②, ④はいずれも能動態なので, 目的語が不足します。

[和訳] 800人以上の学生が今や新しい学校に入学し, その数は 2,000 を超えると予想されている。

4 ②

▶ it は文の主語の The shirt を指し, それが「着る」ではなく,「着られる」と考えられるので, **受動態が必要**です。さらに, **was の示す過去の時点までの完了**が意味的に適切なので, ② **had not been worn** が正解です。①と④は not の位置が不適切です。③は能動態なので, 意味的に成立しません。

[和訳] そのシャツは3年前のものだが, あまり着ていなかったので, 新しいもののように見えた。実際, それはまだ箱に入っていた。

5 ①

▶ 過去形の said の目的語となる that 節中なので, 過去の時点までの継続の意味での**過去完了が適切**であり, ① **had not given** が正解です。③と④は時制を持たず, ②は過去形の said との時制の不一致から誤りです。

[和訳] 住宅建設相は昨日, 政府は3月以来, 新しい住宅建設プロジェクトには最終認可を出していないと言った。

次の各文の下線部のうち，誤りを含むものを選べ。2〜5 は誤りがない場合には，⑤ を選べ。

1 Last week ①I've been visiting Sapporo and Niigata ②but I still want to ③go to Kyoto ④if I get the chance.

（慶應大）

2 ①At the beginning, I ②tempt to ③keep the wallet I found, but my conscience ④wouldn't let me. ⑤NO ERROR

（早稲田大）

3 I really don't know what, ①if anything, is ②expecting of me ③in regard to that very difficult and perplexing problem that I was asked ④to deal with. ⑤NO ERROR

（早稲田大）

4 ①Even though Jim's performance in class ②left much to be desired, he didn't like being ③single out for criticism by the teacher, ④for there were several other students who were much worse. ⑤NO ERROR

（早稲田大）

5 ①At a glance, his new apartment appeared to be the perfect residence for ②someone who requires privacy and comfort, but in actuality it ③causes him so many problems that he soon decided to ④move out. ⑤NO ERROR

（早稲田大）

1 ① I've been visiting → I visited

▶ 文頭に Last week とあり，**過去の特定時点の出来事**であることが明らかなので，現在完了形は使えません。よって，① I've been visiting を **I visited** に直します。

和訳 先週，私は札幌と新潟に行ったが，チャンスがあればまだ京都にも行きたい。

2 ② tempt to → was tempted to

▶ tempt は他動詞で，**tempt O to *do*「O を…する気にさせる」**という意味になります。ここでは目的語がないので，受動態の **was tempted to** にします。なお，④ の let me の後には keep the wallet が省略されています。

和訳 最初，私は見つけた財布を取っておきたいという気がしたが，良心がそれを許さなかった。

3 ② expecting of → expected of

▶ expect *A* of *B* で「**A** を **B** に期待する」という意味ですが，②では *A* にあたる**目的語が不足**しているので，受動態にする必要があります。よって，② expecting を過去分詞形の **expected** に直します。① if anything は「どちらかと言えば」。③ in regard to ~ は「~に関しては」。

和訳 私は自分が対応するように求められた非常に困難で困惑する問題に関し，いったい何が私に期待されているのか，実際のところわからなかった。

4 ③ single → singled

▶ ③ single は being single では「独身でいる」という意味になり，後続の out とつながりません。ここでは，他動詞として機能する **single out ~「~を選び出す」**が使われていると判断し，その受動態の動名詞を考え，**singled** に直します。

和訳 ジムの授業での成績は改善すべき点が大いにあるが，彼は教師に批判の対象として選び出されるのは嫌だった。というのも，もっとひどい生徒が他に何人もいたからだ。

5 ③ causes → caused

▶ appeared，decided という過去時制から，**過去の出来事**だとわかるので，③ causes を過去形の **caused** に直す必要があります。なお，someone who requires は特定の出来事ではなく，一般論なので，現在時制の requires で誤りはありません。

和訳 一見したところ，彼の新しいアパートはプライバシーと快適さを求める人には完璧な住居に思えたが，実際には，非常に多くの問題が起こり，彼はすぐに引っ越すことに決めた。

2 助動詞・仮定法

このセクションでは，助動詞と仮定法の基本知識を再チェックしましょう。助動詞の基本的意味の違いを再確認するとともに，仮定法過去と仮定法過去完了を正確に使い分けられるようにしておく必要があります。さらに，that節中での仮定法現在もしっかり理解しましょう。

☑ Check 1 used to *do* と be used to *do*ing

下線部のうち，誤りを含むものを選べ。ただし，誤りがない場合には⑤を選べ。
①The same man ②who is used to be ③a member of a street gang is now a good father ④to three children. ⑤NO ERROR (早稲田大)

正解 ② **who is used to be → who used to be**

解説 ②の is used to be では意味が成立しないので, is を削除し, used to be ～「かつて～であった」に直す必要があります。なお, be used to *do*ing は「…することに慣れている」です。

和訳 かつてストリートギャングのメンバーだったのと同じ男が，今では3人の子供の良き父親である。

☑ Check 2 仮定法現在

次の文の空所に最も適切なものを選んで入れよ。
It is essential that the exact cause of the trouble [   ] no later than the end of this week.
① understands　　② will understand
③ be understood　　④ understandable (関西学院大)

正解 ③

解説 **it is essential that ...**「…であることが不可欠だ」の that 節中は**仮定法現在**で，動詞は**原形か**〈**should＋原形**〉が求められます。よって，③ **be understood** が正解になります。現在形ではないので，① understands のように3人称単数現在の -s は付きません。

和訳 遅くとも今週末までには，問題の正確な原因がわかることが不可欠だ。

仮定法過去と仮定法過去完了の区別（☑Check **3**，押さえておきたい 5題：2参照）は頻出ですが，さらに if の省略による倒置（押さえておきたい 5題：1，差がつく5題：2参照）に関する知識もしばしば問われます。また，if 節ではなく名詞節などで条件が示される仮定法表現（押さえておきたい5題：4参照）にも注意が必要です。助動詞に関しては，特に過去形の意味と用法（差がつく5題：1参照）が重要です。

☑Check **3** 仮定法過去完了＋仮定法過去

次の文の空所に最も適切なものを選んで入れよ。
If I had worked harder, my business ☐ more successful now.
① had been   ② has been   ③ would be   ④ is   （関西学院大）

正解 ③

解説 条件節中は had worked で**仮定法過去完了**が用いられていますが，文末に now があるので，過去についての仮定と現在の仮定の組み合わせだと判断し，**仮定法過去**の帰結節で用いる ③ **would be** が正解になります。

和訳 もっと一生懸命働いていたならば，私の商売は今もっと成功しているだろう。

☑Check **4** 助動詞の基本用法

下線部のうち，誤りを含むものを選べ。ただし，誤りがない場合には⑤を選べ。
If I ①knew Tom's ②e-mail address I ③would tell you, but unfortunately I ④can't know it. ⑤NO ERROR   （早稲田大）

正解 ④   can't → don't

解説 If I knew Tom's e-mail address という仮定から，「私はトムのメールアドレスを知らない」という**現在の事実**が示されているので，④ can't は don't にする必要があります。なお，know は「～を知っている」という状態の意味では，ふつう can とともには用いません。

和訳 もし私がトムのメールアドレスを知っていれば，あなたに教えてあげるのですが，残念ながら知らないのです。

次の各文の空所に入れるのに最も適切なものを選べ。

1 ____ writing to an irritable man, I would have tried harder than I did to find expressions more suitable to his character.

    ① As I am   ② If I am   ③ I had been   ④ Had I been

（慶應大）

2 Some claim that it is the local police that are causing the violence by firing guns at stone-throwing crowds. The organizers of the protests say that they would be fairly peaceful if they ____ less harshly.

    ① were handled   ② may have handled
    ③ should have handled   ④ had handled

（慶應大）

3 Without mysteries, life would be very dull indeed because what ____ to strive for if everything were known?

    ① would leave   ② would be left   ③ has left   ④ was leaving

（慶應大）

4 The flooding that the hurricane caused was serious, but watchers had feared much worse. A bit farther north, and it ____ the big cities.

    ① has been hit   ② should have been hit
    ③ had hit   ④ might have hit

（慶應大）

5 Ichiro asked, "May I smoke here?" Atsuko answered, "I'd rather ____ ."

    ① you didn't   ② you won't   ③ you not to   ④ for you not to

（慶應大）

1 ④

▶ コンマ後の would have tried から**仮定法過去完了**であると判断し，**if の省略による倒置**になっている ④ **Had I been** が正解であるとわかります。

[語句] irritable 形「怒りっぽい，短気な」

[和訳] もし短気な人に手紙を書いていたのなら，彼の性格により適した表現を見つけるようもっと努力していただろう。

2 ①

▶ say の目的語となる that 節中で they would be と**仮定法過去**が用いられているので，**仮定法過去の条件節**を作ればよいと判断し，① **were handled** が正解になります。なお，**it is** the local police **that** ... は強調構文です。

[和訳] 投石する群衆に発砲することで暴力を引き起こしているのは地元警察だと主張する人もいる。抗議行動のまとめ役は，もっと手荒でない扱われ方をしていれば，かなり平和的なものであろうと言っている。

3 ②

▶ if の後の were known から，**仮定法過去の帰結節**を考えます。さらに，選択肢中の動詞は leave で，空所後に目的語になる名詞句がないことから**受動態**が適切なので，正解は ② **would be left** となります。

[和訳] 謎がなければ，人生は本当にとても退屈になるだろう。というのも，もしすべてのことがわかっていたら，頑張る目的は何が残っているであろうか。

4 ④

▶ 第 1 文の時制が過去であり，A bit farther north が「もう少し北であったならば」という**条件**を示すと考えられるので，**仮定法過去完了の帰結節**である ④ **might have hit** が正解になります。

[和訳] ハリケーンが引き起こした洪水は深刻なものだったが，専門家はもっとひどいことを恐れていた。もう少し北に寄っていたとすると，大都市を襲っていたかもしれない。

5 ①

▶ 〈**I would rather [sooner] ＋ S ＋ 仮定法過去**〉で「（どちらかといえば）S に…してほしい」という意味になります。よって，① **you didn't** が正解です。

[和訳] イチローは「ここでたばこを吸ってもいい？」と聞いた。アツコは「できれば吸わないで」と答えた。

差がつく5題

次の各文の下線部のうち, 誤りを含むものを選べ。5 は誤りがない場合には, ⑤を選べ。

1 I liked everything ①about the new novel and thought ②that it ③must not have been ④any better.

(立命館大)

2 Were ①universities increase their number of ②offered courses, students ③would benefit from ④the wider selection and smaller classes.

(杏林大)

3 ①According to one study, the ②predictions are off by 18 percent at least half the time.　That could ③change dramatically if an experiment in snowpack ④measurement underway this month ⑤proves promised.

(上智大)

4 If ①we'd ②done this thirty years ago we ③may not have the crisis we've ④got now about obesity and lack of knowledge about food and so on.

(上智大)

5 ①Had the brakes ②fail, the delivery truck would ③have run off the road and ④crashed into the trees.　⑤NO ERROR

(早稲田大)

1　③　must not → could not

▶ it must not have been ～ では「それは～でなかったに違いない」という意味になりますが、その意味では、and より前の文意と整合しません。ここでは liked everything「すべてが気に入った」という意味に応じて、「それ以上良くはならなかっただろう（＝最高だった）」とすべきです。よって、must を could に変える必要があります。

和訳 私は新しい小説のすべてが気に入って、最高だと思った。

2　①　universities increase → universities to increase

▶ 文頭に Were があることから、**if の省略**を考え、〈If S ＋ were to *do*〉「**仮に S が…するとすれば**」の倒置だと判断します。よって、①の increase を to increase に直さなければなりません。

和訳 もし大学が提供するコースの数を増やすなら、学生はより幅広い選択肢と少人数のクラスで恩恵を受けることだろう。

3　⑤　proves promised → proved promising

▶ That could change「それは変わるだろう」と助動詞の過去形 could が用いられていることから、**仮定法過去**が適切だと判断し、if 節中の⑤の proves を **proved** にします。さらに、promised も **promising**「見込みのある」に直します。

和訳 ある研究によると、予測は少なくとも半分の時間は 18％ 外れている。もし今月進行中の積雪測定実験が見込みのあるものだと判明すれば、それは劇的に変わり得るだろう。

4　③　may → might

▶ ① we'd ＝ we had で If we had done から**仮定法過去完了の条件節**であるとわかります。仮定法が用いられていることから、帰結節の助動詞である ③ may は **might** にする必要があります。なお、この帰結節は ④ got now から現在のことに関する仮定である仮定法過去だとわかります。

和訳 もし私たちがこれを 30 年前にやっていたら、肥満や食品に関する知識不足など、私たちが今抱えている危機にはなっていないかもしれない。

5　②　fail → failed

▶ コンマの後が would have run ... and crashed で**仮定法過去完了の帰結節**の形になっているので、**条件節での if の省略による倒置**と判断し、文頭の Had に対して ② fail を過去分詞形 **failed** に変え、仮定法過去完了の形に直します。

和訳 ブレーキが故障していたなら、配送トラックは道路を外れ木にぶつかっていただろう。

3 準動詞

　不定詞・動名詞・分詞をまとめて準動詞と呼びますが，このセクションでは，準動詞の用法についてまとめを行いましょう。不定詞の３用法（名詞用法・形容詞用法・副詞用法）や現在分詞と過去分詞の区別，さらには分詞構文の作り方など，重要ポイントはとてもたくさんあります。

☑Check 1 　動名詞の意味上の主語

次の文の空所に最も適切なものを選んで入れよ。
It was late when I got home and I managed to get to my room without my mother ⬚ me.
① being seen by　② seeing　③ seeing by　④ seen　　　　（慶應大）

正解 ②

解説 空所前に前置詞 without がある点に注目します。**without *doing*** で「…することなしに」という意味になりますが，動名詞の前の名詞は**動名詞の意味上の主語**として機能するので，without my mother seeing me で「母が私を見ることなしに」という意味になります。よって，② **seeing** が正解です。

和訳 私が帰宅したのは遅かったが，何とか母に見られずに自分の部屋にたどり着いた。

☑Check 2 　〈名詞＋形容詞用法の不定詞〉

与えられた語句を並べ替えて，文を完成させよ。
最近，ロボットを人間の役に立てようという真剣な取り組みがなされている。
Recently, real efforts ⬚ ⬚ ⬚ ⬚ ⬚ ⬚ ⬚ the service of ordinary people.
① been　② have　③ into　④ made　⑤ put　⑥ robots　⑦ to
　　　　　　　　　　　　　　　　　　　　　　　　　（立命館大）

正解 ②①④⑦⑤⑥③　Recently, real efforts **have been made to put robots into** the service of ordinary people.

解説 **make an effort to *do***「…しようと努力する」という表現を利用します。efforts が主語になっているので受動態を考え，まず完了形の受動態 have been made（②①④）を作り，その後に，efforts を修飾する形容詞用法の不定詞 to put（⑦⑤）を続け，put の目的語に ⑥ robots を置いて，最後に ③ into を続けて完成です。

✓ Check 3 〈be＋to 不定詞〉

次の文の空所に最も適切なものを選んで入れよ。

If these handbags [　　　] sold in Ginza, the quality of stitching will have to be improved.

① are to be　　② had been　　③ have been　　④ were　　　　（慶應大）

正解 ①

解説 if 節中の **be to do** は「…したいと思う，…するつもりである」という意味を表します。よって，① **are to be** が正解です。なお，帰結節で助動詞 will が用いられているので，仮定法にはなりません。be to do のその他の意味としては，「…する予定だ，…すべきだ，…できる，…する運命である」など多様です。

和訳 もしこれらのハンドバッグを銀座で売るつもりならば，縫製の質の改善が必要だろう。

✓ Check 4 過去分詞による後置修飾

与えられた語句を並べ替えて，文を完成させよ。

大統領は暴力の拡大を避け，安全を保証するよう関係各国に要請した。

The President asked all countries [　　][　　][　　][　　][　　] [　　][　　] guarantee security.

① an increase　② and　③ avoid　④ in　⑤ involved　⑥ to　⑦ violence
　　　　　　　　　　　　　　　　　　　　　　　　　　　　　　　（立命館大）

正解 ⑤⑥③①④⑦②　　The President asked all countries **involved to avoid an increase in violence and** guarantee security.

解説 all countries involved で「関係各国」の意味になるので，まず ⑤ involved を入れ，次に，〈ask＋O＋to do〉「O に…することを求める」から to avoid（⑥③）を続けます。avoid の目的語として an increase in violence（①④⑦）を置き，最後に avoid と guarantee を並列させる接続詞の ② and を入れて完成です。なお，those (who are) involved「関係者」という表現も覚えておきましょう。

27

次の各文の空所に入れるのに最も適切なものを選べ。

1 Real classic filmmaking is ☐ in Japan, in the movies of director Yasujiro Ozu, where emotions and space are in perfect balance.

① finding   ② to be finding   ③ to be found   ④ to found

(慶應大)

2 Whether there is enough food ☐ for the rest of us I am not sure at this moment.

① keeping   ② last   ③ left   ④ remained

(上智大)

3 The compelling success story, amply ☐ over fifty photographs, is enlivened by sketches of notable politicians of the era.

① illustrates by   ② illustration of
③ illustrated with   ④ illustrating for

(慶應大)

4 I know I missed the first week of school, but ☐ to visit Bali all my life, this was a chance I simply could not pass up.

① being wanting   ② have wanted
③ having wanted   ④ wanted

(慶應大)

5 John confessed ☐ Mary's purse.

① steal   ② to steal   ③ to stealing   ④ to have stolen

(慶應大)

1 ③

▶ be to *do* で「…できる」という意味を表しますが，ここでは，find の対象が文の主語である Real classic filmmaking なので，受動態にする必要があります。よって，③ to be found が正解です。

和訳 本物の古典的な映画作りは日本で，小津安二郎監督の映画の中に見つけられるだろうが，そこでは感情と空間が完璧な調和を見せている。

2 ③

▶ 〈there is ＋名詞＋ *done*〉で「…された〜がある」という意味が表現できるので，③ left が正解です。① keeping は kept であれば適切です。② last は原形なので文法的に入れられません。④ remained は自動詞なので受け身にはなりません。なお，この文は (be) sure whether ... の whether 節が文頭に置かれた形になっています。

和訳 後の人たちに十分な食事が残されているかどうかは，この時点では私には確かでない。

3 ③

▶ 空所直前に副詞 amply があるため名詞は不適切であり，文の主語と述部の間に挿入されている**分詞句**を作ります。主語 story が「説明される」という意味関係が適切なので，過去分詞 illustrated が必要です。よって，③ illustrated with が正解です。

語句 compelling 形「感動的な」，amply 副「十分に」，enliven 他「〜を活気づける」，notable 形「有名な」

和訳 この感動的な成功物語は，50 枚以上の写真で十分具体的に説明され，その時代の有名な政治家たちのスケッチにより生き生きとしたものになっている。

4 ③

▶ as I have wanted to visit Bali「バリを訪れることを望んできたので」という意味を表す**完了形の分詞構文**である ③ having wanted が正解です。

語句 pass up 〜 熟「（機会など）を逃す」

和訳 学校の最初の 1 週間を欠席したことはわかっているが，これまでずっとバリを訪れることを望んでいたので，これはどうしても逃すことのできない機会だった。

5 ③

▶「…したことを認める，白状する」の意味では，動詞 confess は **confess to *doing*** という形で用います。よって，③ to stealing が正解です。目的語として不定詞を取らないので，② to steal や ④ to have stolen は誤りです。

和訳 ジョンはメアリーの財布を盗んだことを白状した。

次の各文の下線部のうち，誤りを含むものを選べ。

1 The parents who are so angry and worried ①about ②pornography to fall into the hands of their children ③are really expressing deep doubts or fears of ④their effectiveness as parents.

（上智大）

2 Even with about 150 people ①taking samples across the state and the help of satellites and sensors ②buried in the ground, it's ③a highly uncertain way ④estimating the water supply for a thirsty state, where ⑤every drop is precious and expensive to move.

（上智大）

3 Experts warn that the virtual world ①inhabiting among Japanese youth ②has caused many to become too comfortable with the idea ③of seeing dead characters ④return to life.

（慶應大）

4 I ①enjoy hearing gossip as much as the next person — although I sometimes ②pretend not to — but gossip about a broken marriage ③is always irritating me.　Who really knows ④why any couple separate?

（上智大）

1 ② pornography to fall → pornography falling

▶ **fall into the hands of ~**「~の手に落ちる」から，fall の意味上の主語は pornography が適切ですが，不定詞の to fall ではその関係を結べません。ここでは，前置詞 about の目的語となる動名詞 falling に変え，**pornography が動名詞の意味上の主語**として機能するように直します。

和訳 ポルノが子供の手に入ることについて怒り，心配している親たちは，親としての自分たちの効力に対する深い疑念や不安を実際に表している。

2 ④ estimating → to estimate

▶「~のやり方」という意味では **a way to do** が適切なので，④ estimating を **to estimate** に直さなければなりません。① taking samples は〈with＋O＋C〉の【付帯状況】の補語(C)で，about 150 people が意味上の主語になっています。② buried in the ground は直前の sensors を後置修飾しています。⑤は〈every＋単数名詞〉⇒単数一致で誤りはありません。

和訳 全国で約 150 人が標本を取り，衛星や地中に埋められたセンサーの助けを借りているにもかかわらず，それは乾燥した州への水の供給を見積もるには非常に不確かなやり方であり，そのような州では水の 1 滴 1 滴が貴重であり，移動させるのに費用が高くつくのだ。

3 ① inhabiting among → inhabited by

▶ **inhabit** は「~に住む，居住する」という他動詞なので，① inhabit among は誤りです。ここでは意味的に「若者によって居住されている」と考え，**inhabited by** とします。② many は many Japanese youth，〈cause＋O＋to do〉は「Oに…させる」。④ return は，〈see＋O＋do〉「Oが…するのを見る」の原形不定詞にあたる部分。
語句 virtual 形「仮想の，バーチャルな」
和訳 日本人の若者が住む仮想世界は，死んだキャラクターが生き返るのを目にするという考えに，多くの者をあまりにも慣れさせてしまっていると専門家は警告している。

4 ③ is always irritating me → is always irritating to me または always irritates me

▶ ③の **irritating** は**分詞形容詞**で「いらいらさせる」という意味です。形容詞なので目的語を取ることはできず，me の前に前置詞 to が必要になります。なお，動詞だと考えると always「いつも」という習慣的な意味と現在進行形が整合しないので，**単純現在形**にする必要があります。**語句** as ~ as the next person 熟「ふつうの人と同様に」
和訳 私は人並みに噂話を聞くのを楽しみますよ。ただし，時にはそうではないふりをしますけどね。でも，破綻した結婚の噂話にはいつもイライラします。どの夫婦がなぜ別れたかなんて，いったいだれがわかりますか。

4 関係詞

　このセクションでは，関係詞の総仕上げをしましょう。関係詞の決定には文中の動詞が強く関与します。自動詞・他動詞の区別に応じて，主語や目的語の有無を常にチェックするようにしましょう。また，〈前置詞＋関係代名詞〉の定型パターンについても知識を確実なものとしておきましょう。

☑Check 1 自動詞・他動詞の区別と関係代名詞

下線部のうち，誤りを含むものを選べ。ただし，誤りがない場合には⑤を選べ。
①Over the course of the summer, I visited ②a number of museums in this area that I had really wanted ③to go in the past but couldn't ④because of my busy study and work schedule. ⑤NO ERROR　　　　　　　　　　　　　（早稲田大）

正解 ③　to go → to visit または to go to

解説 先行詞の museums に対して関係代名詞の that が用いられているので，目的語を持たない**自動詞である** ③ to go が誤りです。他動詞の visit を用いるか，**to go to** として that が前置詞の目的語として機能するように直さなければなりません。

和訳 夏の間に，これまで本当に行きたいと思っていたが，忙しい学業と仕事のスケジュールのため行けなかったこの地域の多くの美術館を訪ねた。

☑Check 2 関係代名詞の継続用法

次の文の空所に最も適切なものを選んで入れよ。
Thomas and his family moved to a big city nearby. He told me about his new school life, ⬚⬚⬚⬚ very much.
　① he is enjoying　　　　　　　② he is enjoying it
　③ what he is enjoying　　　　　④ which he is enjoying　　　（上智大）

正解 ④

解説 先行詞である his new school life「彼の新しい学校生活」を受け，**enjoying の目的語となる関係代名詞**を含んだ ④ which he is enjoying が正解です。①と②は関係代名詞がなく，③は関係代名詞が what になっているので，どれも空所前と結び付けられません。

和訳 トーマスと彼の家族は近くの大きな都市に引っ越した。彼は私に新しい学校生活について話をしてくれたが，彼はそれをとても楽しんでいる。

このレベルになると，関係代名詞と関係副詞の区別に関する出題は減少し，より複雑な文中での関係代名詞の格の選択（差がつく5題：5参照）が多くなります。さらに，関係詞を含んだ慣用表現（ ✔Check 3，押さえておきたい5題：3参照），関係形容詞（押さえておきたい5題：4，差がつく5題：1参照）などもよく出題されます。

✔Check 3 関係代名詞を含む慣用表現

下線部のうち，誤りを含むものを選べ。

①Which lotus ②is to India, ③the ④cherry tree is to Japan. （杏林大）

正解 ① **Which → What**

解説 What *A* is to *B*, *C* is to *D* で「AのBに対する関係は，CのDに対する関係と同じだ」のパターンなので，① Which を What に修正する必要があります。なお，この表現は，*A* is to *B* what[as] *C* is to *D* が基本形です。

和訳 インドにとってのハスは，日本にとっての桜と同じだ。

✔Check 4 〈前置詞＋関係代名詞〉の基本

下線部のうち，誤りを含むものを選べ。ただし，誤りがない場合には⑤を選べ。

Nothing seems to ①irritate William ②more than having to explain his actions in that unfortunate ③matter to everyone ④with who he talks. ⑤NO ERROR

（早稲田大）

正解 ④ **with who → with whom**

解説 ④ with who は〈前置詞＋主格の関係代名詞 who〉なので，あり得ない形です。前置詞の目的語になるには whom が必要です。なお，with が talks の後に置かれている場合，関係代名詞は who または省略も可能です。

和訳 話をする人すべてに，あの不幸な事件での自分の行動を説明しなければいけないことほど，ウィリアムを苛立たせるものはないようだ。

次の各文の空所に入れるのに最も適切なものを選べ。

1 I've never met him but [＿＿＿] I've heard, he's supposed to be as charming as he is deceptive.

    ① from which   ② from what   ③ on which   ④ about how

（慶應大）

2 We are surprised by the ease [＿＿＿] you answered these questions.

    ① for which   ② of which   ③ in which   ④ with which

（関西学院大）

3 Things don't always turn out to be [＿＿＿] they seem.

    ① such   ② that   ③ what   ④ which

（宮崎大）

4 I might pass the test, [＿＿＿] case I will treat myself to a movie with friends.

    ① by that   ② for that   ③ in each   ④ in which

（慶應大）

5 My favorite excursion in Tokyo was to Skytree. Kazu and I took the elevator to the top [＿＿＿] we got a beautiful view of Tokyo.

    ① from that   ② from where   ③ from which   ④ where from

（慶應大）

1 ②

▶ 空所前が接続詞 but で，先行詞が存在しないことから，**先行詞を含む関係代名詞 what** が必要なので ② **from what** が正解です。from what ... で「…ことから判断すると」の意味になります。*cf.* from what I have seen「これまで見たことからすると」 語句 deceptive 形「人をだますような」

和訳 私は彼に会ったことはないが，これまで聞いたことからすると，彼は見かけと違うほどに魅力的であるはずだ。

2 ④

▶ 空所前に the ease があるので，**with ease「容易に，楽々と」**という慣用句に基づき，④ **with which** が正解です。このように特定の名詞と結びつく〈前置詞＋関係代名詞〉のパターンに注意しましょう。*cf.* the degree［extent］to which ...「…の程度・度合い」

和訳 私たちはあなたがこれらの質問に易々と答えたことに驚いています。

3 ③

▶ 空所前の be の補語になると同時に，文末の seem の補語にもなる必要があるため，**先行詞を含んだ関係代名詞**が必要なので，③ **what** が正解です。なお，don't always は部分否定で「必ずしも〜ではない」の意味です。

和訳 物事はいつも見た目通りの結果になるわけではない。

4 ④

▶ **and in that case「そしてその場合には」**という意味が適切なので，前置詞 in の後に関係形容詞の which が続く，④ **in which** が正解です。

語句 treat *oneself* to 〜 熟「奮発して〜を楽しむ［買う・食べる］」

和訳 私は試験に合格するかもしれないが，その場合には，奮発して友だちと映画を楽しむだろう。

5 ③

▶ 空所の後は we got a beautiful view of Tokyo from the top（of Skytree）という意味なので，名詞である the top を関係代名詞 which に変え，from と結んだ〈前置詞＋関係代名詞〉の形が適切で，③ **from which** が正解になります。なお，② from where は from が不要です。 語句 excursion 名「周遊旅行」

和訳 私のお気に入りの東京観光はスカイツリーに行くことだった。カズと私はエレベーターで頂上まで行き，そこから美しい東京の景色を見た。

差がつく5題

1・2：与えられた語句を並べ替えて，次の各文を完成させよ。

1 わかってもらいたいんだけれど，僕は及ばずながら友だちとしてできるだけのことをしてあげたいんだ。

I would like you to know that I want ☐ ☐ ☐ ☐ ☐ ☐ as a friend.

① can ② do ③ I ④ little ⑤ to ⑥ what

（山梨大）

2 The main aim of the Plain English campaigns in Britain and the USA is to attack the use of unnecessarily complicated language by government departments, businesses, and any other group ☐ ☐ ☐ ☐ ☐ ☐ contact with the general public.

① linguistic ② whose ③ in ④ them ⑤ puts ⑥ role

（上智大）

3～5：次の各文の下線部のうち，誤りを含むものを選べ。3・4は誤りがない場合には⑤を選べ。

3 In the United States, ①there used to be a law ②that ③it prohibited ④the sale of alcohol. ⑤NO ERROR

（早稲田大）

4 ①This new aircraft, ②many of whose parts ③are ④quite innovative, was made in Japan. ⑤NO ERROR

（早稲田大）

5 The president is a member of a political party. ①As the highest elected official, the president is seen as the leader of that party. ②As the head of state, though, the president ③stands for national unity ④who overshadows differences between the political parties.

（慶應大）

1 ⑤②⑥④③① I would like you to know that I want **to do what little I can** as a friend.

▶ まず，want の後に to do（⑤②）を続け，I want to do「私はしたい」を作り，do の目的語に**関係形容詞の** ⑥ what を用いて what little（⑥④）を配置します。最後に I can（③①）を続けて完成です。**what little S can** で「**S ができるわずかばかりのことすべて**」という意味になります。

2 ②⑥⑤④③① ... any other group **whose role puts them in linguistic** contact with ...

▶ まず，所有格の関係代名詞 ② whose と名詞の ⑥ role を結び，「その役割は」を作ります。そして，それを主語とする動詞 ⑤ puts の後に，〈**put＋O＋in contact with ～**〉「**O を～と接触させる**」から，them in（④③）を続けます。残った ① linguistic「言語的な」は「言語的な接触」の意味で，contact の前に配置して完成です。

和訳 イギリスとアメリカにおけるプレイン・イングリッシュ（わかりやすい英語）運動の主目的は，政府の部局，企業，そしてその役割のために一般市民と言語的接触が必要になるその他あらゆる集団による不必要に複雑な言葉の使用を攻撃することだ。

3 ③ it prohibited → prohibited
▶ ② that は a law を先行詞とし，「その法律が販売を禁ずる」という意味で**主格の関係代名詞**と考えられるので，③ it が不要です。

和訳 アメリカでは，かつてアルコールの販売を禁ずる法律があった。

4 ⑤
▶ ① This new aircraft は文の主語で 2 つ目のコンマの後の was made に続いているので，誤りなしです。② many of whose parts は many of the parts of this new aircraft の意味で，間違いなしです。③は many に対する動詞なので，複数一致で適切です。④は副詞 quite が are の補語の形容詞 innovative を修飾しており，適切です。よって，誤りはありません。

和訳 この新しい飛行機は，多くの部品が非常に革新的であるが，日本で作られたものだ。

5 ④ who overshadows → which [that] overshadows
▶ ④の関係代名詞 who の先行詞は the president ではなく，national unity「国の結束」なので，who ではなく **which** または **that** にしなければなりません。

語句 state 图「国家」，overshadow 他「～を目立たなくする」

和訳 大統領は政党のメンバーである。選挙で選ばれた最も高い地位の官職として，大統領はその政党の指導者とみなされる。しかし，国の代表として，大統領は政党間の相違を目立たなくする国の結束性を表している。

5 比較

　このセクションでは比較の基本知識の再確認のための問題演習を行います。同等比較，比較級による比較，最上級による比較の３つのパターンの形式と意味を正確に押さえておくとともに，関連する慣用表現に関する知識も確認しましょう。

☑Check 1 比較対象の確認

> 下線部のうち，誤りを含むものを選べ。ただし，誤りがない場合には⑤を選べ。
> ①When it comes to learning a foreign language, ②nothing is ③more important trying to find ④suitable opportunities to use the language. ⑤NO ERROR
>
> （早稲田大）

正解 ③　more important trying → more important than trying

解説 ③ more important trying では，何と比較して more important（より重要な）なのかが示されず，文意が不明なので，trying の前に than を入れ，**nothing is more important than ～**「**～より重要なものはない**」という意味にします。

和訳 外国語学習に関しては，その言語を使う適切な機会を見つけようとすることほど重要なことはない。

☑Check 2 名詞の可算・不可算による形容詞の選択

> 下線部のうち，誤りを含むものを選べ。
> Some members ①of the transport commission ②suggested that lowering the speed limit ③on the road would not necessarily result in ④less accidents.　（慶應大）

正解 ④　less → fewer

解説 accidents は**可算名詞の複数形**なので，little の比較級である less での修飾はできず，**fewer** で修飾する必要があります。なお，suggested の目的語の that 節中で助動詞 would が用いられていますが，この文の suggest は「提案する」ではなく，「示唆する」の意味なので，直説法であり，仮定法現在での原形や should を用いる必要はありません。

和訳 運輸委員会のメンバーの一部は，路上での制限速度を下げることは必ずしも事故の減少という結果をもたらすわけではないだろうと示唆した。

大学入試では

比較に関する項目で頻出なのは，比較表現の基本的パターンに関する知識です。単純な比較対象の明示に関する問題（✓Check 1 参照）や比較級による比較の基本（差がつく 4 題：1 参照），比較の強調（差がつく 4 題：4 参照）など，いずれも比較の基礎知識ですが，下線部間違い探し問題などの形式では，それを見抜くことが難しくなっています。

✓Check 3 比較表現による語順変化

次の文の空所に最も適切なものを選んで入れよ。

Patricia was ☐ as anyone could have had.

① as patient teacher　　② as a patient teacher

③ as patient a teacher　　④ as patient as teacher　　　　（慶應大）

正解 ③

解説 as 〜 as ...「…と同じほど〜な」という**同等比較**の表現ですが，2 つの as の間に形容詞のついた名詞句が含まれる場合には注意が必要です。通常の〈a ＋形容詞＋名詞〉という語順とは異なり，〈as ＋形容詞＋ a ＋名詞〉の語順が求められるので，③ **as patient a teacher** が正解となります。なお，so や too で形容詞が修飾される場合も同様に〈so［too］＋形容詞＋ a ＋名詞〉の語順になります。

和訳 パトリシアはだれも教わったことがないような辛抱強い教師だった。

✓Check 4 less を用いた比較

次の文の空所に最も適切なものを選んで入れよ。

He revised the badly written essay extensively. It is still not perfect, but it is certainly ☐ imperfect.

① much less　　② much more　　③ not less　　④ even more　　（慶應大）

正解 ①

解説 「作文を修正した」ことによって，「不完全（imperfect）な程度が下がる」ことが期待されるので，意味的に ① **much less** が適切だと判断できます。less と imperfect で，いわば二重否定のような意味になる点に注意します。②〜④では，その逆で「不完全さが高まる」ことになってしまうので，明らかに不自然です。

和訳 彼はうまく書けていない作文を大幅に修正した。まだ完全ではないが，不完全さは確かにかなり減っている。

次の各文の空所に最も適切なものを選んで入れよ。

1 There is a lively debate about whether any animals [   ] than humans have the ability to speak.

    ① better   ② less   ③ inferior   ④ other

(上智大)

2 Water pollution is [   ] of a problem now than it used to be.

    ① less   ② lesser   ③ the most   ④ least

(関西学院大)

3 Naomi has succeeded in business [   ] by her efforts, but more by luck.

    ① not all   ② not as   ③ not only   ④ not so much

(南山大)

4 [   ] often than not, boys start to sound like their fathers as they grow up.

    ① Less   ② Little   ③ More   ④ Much

(学習院大)

5 Natural ability is necessary to become an expert in anything, but [   ] important is the willingness to make an effort.

    ① nevertheless   ② less than   ③ no less   ④ the least

(慶應大)

1 ④

▶ **other than 〜** で「〜以外の」という意味になるので，④ **other** が正解です。
① better では「人間よりよい動物」なので，意味的に不自然です。③ inferior は
than ではなく，to とともに用います。

和訳 人間以外の何らかの動物が言葉を話す能力を持っているかどうかに関して，活発な議論
がある。

2 ①

▶ **be less of A than B** で「B よりももっと A ではない」という意味の慣用句です。
よって，① **less** が正解です。ただし，この問題では意味的に now「今」と it used
to be「かつてそうであった」が比較されていることに注意します。

和訳 今や水質汚染はかつてほど問題ではない。

3 ④

▶ コンマの後ろに but があり，前後に by her efforts と by luck という〈by + 名詞句〉
が並んでいることに注目します。**not A but B** で「A ではなく B」という意味ですが，
but の後に more があることから，**not so much A as B**「A ではなくむしろ B」との
組み合わせと考え，④ **not so much** が正解となります。③ not only では but の後の
more が不要で，but (also) by luck になるべきです。

和訳 ナオミがビジネスで成功したのは，彼女の努力というよりも，むしろ幸運による。

4 ③

▶ **more often than not** で「よく，しばしば」という頻度を表す慣用的副詞表現
です。よって，③ **More** が正解です。この表現は，出来事がだいたい 5 割を超える
確率で生じることを示します。

和訳 よくあることだが，男の子は成長するにつれ，父親みたいな話し方になる。

5 ③

▶ 空所後が形容詞 important なので，the willingness を主語とする〈C + V + S〉の
文構造であるとわかり，形容詞 important を修飾する副詞として③ **no less** を入れ
ると，**no less important** で「劣らずに[同様に]重要な」になります。比較の対象
は Natural ability ですが，文脈からわかるので繰り返されていません。

和訳 何であれ専門家になるには生まれつきの能力が必要だが，同様に重要なのは努力しよう
という気持ちだ。

差がつく4題

次の各文の下線部のうち，誤りを含むものを選べ。3・4は誤りがない場合には，それぞれ⑤，⑥を選べ。

1 And, ①while studio executives spend considerably more time thinking about box office returns ②rather than public diplomacy, Tinseltown is actually ③pretty effective at nudging America's international image in a ④positive direction.

（上智大）

2 ①All I hear in the stillness of the night is the ticking of a clock. ②The better I try to ignore it, ③the more clearly it seems ④to fall on my ears.

（上智大）

3 What I want to know is ①how you plan to finish your book report this weekend, ②since you have a ③fairly hard part-time job which requires you to work ④no less than six hours on Sunday. ⑤NO ERROR

（早稲田大）

4 ①Since she is by far and the best business person of her generation, ②the company, hard-hit by the recession, ③has asked her to take over, ④and she is to see to it ⑤that the factory does not go under. ⑥NO ERROR

（早稲田大）

1　②　rather → 削除

▶ *A* rather than *B* で「**B** ではなくむしろ **A**」ですが，先行する部分に **more** が含まれているので，spend more time thinking about *A* than *B*「**B** よりも **A** について考えるのにより多くの時間をかける」が適切であり，② rather は不要です。

[語句] considerably 圖「かなり」，box office 图「チケット売り場」，return 图「利益」，public diplomacy 图「広報外交」，Tinseltown 图「金ピカの町（＝ハリウッド）」，pretty 圖「かなり」，nudge 他「～を少しずつ動かす」

[和訳] そして，スタジオの幹部は広報外交よりチケット売り場の収益のことを考えるのにかなり多くの時間を費やすが，この金ピカの町は実際，アメリカの国際的イメージをプラスの方向に押し向けるのにかなり効果的である。

2　②　The better → The more

▶〈the ＋ 比較級 ～，the ＋ 比較級 ...〉で「～であればあるほど，ますます…」ですが，② The better では well の比較級で「より上手に無視しようとすれば」になり，意味的に不適切なので，better を **more** に直す必要があります。

[和訳] 夜の静けさの中で私に聞こえるのは時計の音だけだ。それを無視しようとすればするほど，私の耳によりはっきりと届いてくるようだ。

3　⑤

▶ ① how you plan ... weekend は is の補語になる名詞節となっています。plan to *do* で「…する計画を立てる」。② since は理由を表す接続詞。③ fairly「かなり」は副詞で形容詞 hard を修飾しています。④ no less than ～ は「～ほども多くの」の意。よって，誤りはありません。

[和訳] 私が知りたいのは，今週末に君がどうやって読書感想文を終わらせるつもりなのかということだが，それは君が，日曜日に 6 時間も働かなければならないかなりきついアルバイトをしているからだ。

4　①　... by far and the best ... → ... by far the best ...

▶ by far「はるかに，ずばぬけて」は最上級を直接強めることができるので，①の and は不要です。　[語句] hard hit 圏「大きな打撃を受けた」，take over 熟「引き継ぐ，引き受ける」，go under 熟「（経営などが）行き詰まる，破産する」

[和訳] 彼女は同世代でずば抜けて最高のビジネスパーソンなので，会社は不況に大打撃を受け，彼女に仕事を引き受けることを依頼し，彼女は工場の経営が行き詰まらないように取り計らうことになっている。

6 前置詞・接続詞

　問題演習を行いながら，前置詞と接続詞に関する基本知識を確認するのがこのセクションの目的です。両者の使い分けがきちんと理解できていることを前提に，より複雑な文中での用法をチェックしていきましょう。

☑Check 1 付帯状況の with

> 次の文の空所に最も適切なものを選んで入れよ。
>
> _____ the army on all sides of them and ready to fire missiles, the terrorists finally surrendered.
>
> ① Around　　② With　　③ If　　④ From　　　　　　　（上智大）

正解 ②

解説　〈with＋O＋C〉で「O が C の状態で」という【付帯状況】が表現できます。よって，②With が正解です。この文では O = the army に対し，on all sides of them と ready to fire missiles という 2 つの C が並列されています。

　語句 fire 他「〜を発射する」

和訳　四方をミサイル発射準備のできた軍に囲まれて，テロリストたちはついに降伏した。

☑Check 2 「〜の影響を受けて」の意味の under

> 次の文の空所に最も適切なものを選んで入れよ。
>
> He was _____ the influence of alcohol.
>
> ① active　　② pressing　　③ under　　④ on　　　　　　（上智大）

正解 ③

解説　前置詞 under は上下関係の「〜の下に」が基本義ですが，ここから「下は上の支配を受ける」というイメージが成立し，「〜に影響されて」の意味が比喩的に生まれます。よって，正解は ③ under となり，under the influence of 〜 で「〜の影響を受けて」という意味になります。

和訳　彼はアルコールの影響下にあった。

前置詞と接続詞の区別に関する問題は当然のように出題されますが，さらにこのレベルでは，より抽象的な意味で用いられる前置詞（☑Check 2，押さえておきたい5題：1参照），動詞の語法との関係での前置詞の決定（押さえておきたい5題：3参照），文脈を正確にとらえた上での接続詞の選択（押さえておきたい5題：2参照）などにも注意が必要です。

☑Check 3 〈前置詞＋抽象名詞〉

次の文の空所に最も適切なものを選んで入れよ。

特に興味深いのは，ヒューマノイドロボットを開発するための最近の技術です。

　　　　 particular interest is recent technology for developing humanoid robots.

① Among　　② In　　③ Of　　④ Off　　⑤ Within　　　　（慶應大）

正解 ③

解説 〈**be of** ＋抽象名詞〉で「～の性質を持って」なので，正解は ③ **Of** となり，of particular interest で particularly interesting と同様の意味を表します。なお，この文の主語は recent technology で of particular interest は is の補語であり，〈C＋V＋S〉の文構造になっています。

語句 humanoid 形「人間の形をした」

☑Check 4 群接続詞を含む慣用表現

与えられた語句を並べ替えて，文を完成させよ。

So 　　　　　　　　　　　　　　　　　　　 , the clothes of rich and poor, especially in the case of women, differ far less than they did thirty or fifty years ago.

① appearance　　② far　　③ outward　　④ as　　⑤ goes　　　（上智大）

正解 ②④③①⑤　　So **far as outward appearance goes**, the clothes ....

解説 **so far as S go** で「S に限って言えば」の意味が表現できます。そこでまず，far as（②④）を入れ，次に節の主語となる outward appearance（③①）を続け，最後に ⑤ goes を配置して完成です。

和訳 外見に限れば，特に女性の場合には，金持ちと貧乏人の服は 30 年あるいは 50 年前そうであったのと比べて，違いははるかに少ない。

次の各文の空所に最も適切なものを選んで入れよ。

1 The grief that I underwent was ▢ description.

   ① over   ② beyond   ③ above   ④ across

（関西学院大）

2 ▢ Wall Street experienced its most dramatic stock-market fall since 9/11 last week, a series of contemporary art sales were carried out in a mood of supreme confidence.

   ① Until   ② Lest   ③ If   ④ While

（上智大）

3 The biography offers not only the best key to the novelist's personality but also, ▢ any reader who is eager to know anything about him, valuable information on his family background.

   ① as   ② on   ③ to   ④ with

（上智大）

4 More than one hundred people were ▢ that huge ship.

   ① ashore   ② away   ③ ago   ④ aboard

（関西学院大）

5 When travelers came into her house, little Elizabeth used to lock herself into her own room ▢ they might take her away out into the unknown world.

   ① for fear   ② hoping   ③ to care   ④ so that

（上智大）

1 ②

▶ ② **beyond** を入れ，**beyond description** で「**言葉では表現できない**」という意味になる慣用表現です。beyond は「～の向こうに」という原義に基づき，「(範囲・限界) を越えて」という意味を表します。

和訳 私が経験した悲しみは，筆舌に尽くし難かった。

2 ④

▶ stock-market fall「株式市場の下落」と supreme confidence「最高の信頼」の意味的な対立から，**対比**を表す接続詞の ④ **While** が適切です。

語句 Wall Street 名「ウォール街 (アメリカの金融街・金融市場)」，stock-market 形「株式市場の」，9/11 名「(米国で 2001 年 9 月 11 日に起こった)同時多発テロ」，contemporary 形「現代の」

和訳 ウォール街が先週，9・11 以来最も劇的な株式市場の下落を経験している一方，一連の現代美術の販売が最高の信頼を持った雰囲気で行われていた。

3 ③

▶ 文の主動詞が offers で，その目的語は not only *A* but also *B*「A だけでなく B も」に組み込まれている the best key ... personality と valuable information ... background です。動詞 offer には **offer *A* to *B***「**A を B に提供する**」の用法があることから，③ **to** が正しいと判断できます。

和訳 伝記は作家の性格を知る最高のきっかけを提供するだけでなく，彼について何でも知りたいと思っている読者に対して，彼の家庭環境についての価値ある情報も提供してくれる。

4 ④

▶ ④ **aboard** ～ は「(乗り物の)中へ，(乗り物に)乗って」という前置詞です。(be) on board ～ も同様の意味を表します。①～③はいずれも副詞としては用いられますが，前置詞にはなりません。

和訳 100 人以上の人々がその巨大な船に乗っていた。

5 ①

▶ 空所前後の文脈から，**for fear (that)** ...「**…を恐れて，…しないように**」が適切なので，① **for fear** が正解になります。② hoping や ④ so that では「連れ去る」ことを期待することになるので，「部屋に閉じこもった」ことと意味的に矛盾します。

和訳 旅人たちが家の中に入ってくると，幼いエリザベスは彼らが自分を知らない世界に連れ去るのではないかと恐れて，自分の部屋に閉じこもったものだ。

次の各文の下線部のうち，誤りを含むものを選べ。4・5は誤りがない場合には⑤を選べ。

1 I feel that our students ①could do better than they do now, and ②I hope to be able to guide them ③to the right direction ④over the next few years.

（上智大）

2 ①Even they charge twice ②as much for a simple meal, I ③would still rather eat at this restaurant ④than anywhere else.

（立命館大）

3 But ①wait until ②the plane in the air and the seatbelt light is off ③to go searching for greener pastures, because the plane can't take off ④until you're seated.

（上智大）

4 It was not ①before yesterday that I heard the news ②about the car accident last Sunday ③in which Jim and three other students from my school were injured and ④had to be hospitalized. ⑤NO ERROR

（早稲田大）

5 ①Would it be all right ②that I ③went to your house ④at about seven o'clock tomorrow evening? ⑤NO ERROR

（早稲田大）

1　③　to the right direction → in the right direction

▶ 日本語では「〜の方向へ」が自然な表現ですが, direction「方向」は to ではなく, in とともに用います。よって, ③の to を in に直す必要があります。

和訳 私はうちの学生たちは今よりももっと良くできると思うし, 今後数年をかけて彼らを正しい方向に導いてやれたらよいと思う。

2　①　Even they → Even though they

▶ even だけでは副詞なので, 後ろに〈S + V〉の節を後続できません。ここでは意味的に「…だとしても」が適切なので, ①の Even を Even though に直します。

和訳 その店は簡単な食事でも 2 倍の料金がかかるが, それでも私は他のどこよりもこのレストランで食事がしたい。

3　②　the plane in the air → the plane is in the air

▶ until は前置詞, 接続詞どちらの用法もありますが, 前置詞の場合には目的語は時を表す名詞が続きます。ここでは②が時を表すものではないので, until を接続詞と判断し, ②を名詞句ではなく, the plane is in the air という節にする必要があります。 語句 pasture 名「牧草(地)」

和訳 しかし, より緑の多い牧草地を探しに行くのは, 飛行機が飛び立ち, シートベルトのサインが消えるまで待ってください。なぜなら, あなたが着席するまで飛行機は離陸できませんからね。

4　①　before → until

▶ It is not until 〜 that ...「…するのは〜になってからだ, 〜まで…しない」が適切なので, ① before を until に直します。なお, ③ in which の which の先行詞は the car accident です。 語句 hospitalize 他「〜を入院させる」

和訳 ジムとうちの学校の他の 3 人の学生が怪我をして, 入院しなければならなかった先週日曜の自動車事故についての知らせを私が聞いたのは, 昨日になってだった。

5　②　that → if

▶ 主節で助動詞 Would が用いられ, さらに動詞の過去形 went があることに着目すると, 仮定法過去であるとわかるので, ② that ではなく if で条件が示されているのが意味的に適切だと判断できます。

和訳 明日の夜, 7 時頃にあなたの家に伺ってもよろしいでしょうか。

7 さまざまな構文

このセクションではさまざまな構文のバリエーションを再確認しましょう。強調構文や無生物主語構文，さらには倒置文も含めて，どのような構文が示されても柔軟に対応できる力が必要です。

☑Check 1 強調構文

下線部のうち，誤りを含むものを選べ。

①It was ②because of his headache ③why Masato ④didn't come to the party.

(慶應大)

正解 ③　why → that

解説 because of ～「～のせいで」で理由が示されていますが，It is ～ why ... という構文はなく，**It is ～ that ... の強調構文**にする必要があるので，③ why を that に直します。Masato didn't come to the party because of his headache. の理由を表す前置詞句 because of his headache が強調されている文です。

和訳 マサトがパーティーに来なかったのは，頭痛のせいだった。

☑Check 2 無生物主語構文

与えられた語句を並べ替えて，文を完成させよ。

The past two centuries ☐ ☐ ☐ ☐ ☐ ☐ the range of garden plants.

① in　　② seen　　③ immense　　④ have　　⑤ an　　⑥ increase (上智大)

正解 ④②⑤③⑥①　The past two centuries **have seen an immense increase in** the range of garden plants.

解説 この文は The past two centuries が主語となる**無生物主語構文**です。まず，have seen (④②) で動詞句を作り，seen の目的語に an immense increase (⑤③⑥) を続け，最後に ① in を入れて完成です。日本語では「期間・時代などが…する」というのはやや不自然ですが，英語においてはふつうに用いられます。特に，**see** や **witness**「目撃する」などの動詞がよく用いられます。

和訳 ここ2世紀は，園芸植物の種類のすごい広がりが見られている。

強調構文はどのレベルでも頻出ですが，難関大レベルでは強調構文の疑問文など，この構文であることを見抜きにくいものも示されます（押さえておきたい5題：4，差がつく5題：5参照）。さらに，文の補語が文頭に置かれ，〈C+V+S〉の構造になった文（押さえておきたい5題：1，差がつく5題：1参照）は文法問題だけではなく，長文問題中でも要注意です。

☑Check 3 否定による倒置

> 下線部のうち，誤りを含むものを選べ。ただし，誤りがない場合は⑤を選べ。
> ①Scarcely I had entered the room when several students ②rushed over to me and told me the startling and worrying news about ③my best friend's car accident, in which he injured ④both of his arms and legs. ⑤NO ERROR
>
> （早稲田大）

正解 ① **Scarcely I had → Scarcely had I**

解説 文頭に否定的な意味を持つ Scarcely があるので，〈助動詞＋主語＋動詞〉の倒置になる必要があります。よって，①Scarcely I had を Scarcely had I の語順に直します。Scarcely[Hardly] had + S + *done* ～ when[before] ... で「～するとすぐに…」という意味になります。

和訳 私が部屋に入るとすぐに，数人の学生が私のところに押しかけて来て，親友の自動車事故についての衝撃的で心配なニュースを私に伝えたが，その事故で彼は両方の腕と脚を怪我したというのだ。

☑Check 4 譲歩の構文

> 次の文の空所に最も適切なものを選んで入れよ。
> My father, curious and alert ▢▢▢▢ he was to new technology, does not appear to have investigated the operating system of the machine.
> ① as   ② if   ② what   ③ while
>
> （上智大）

正解 ①

解説 〈形容詞＋as[though]＋S＋V〉で「…ではあるが」という**譲歩節**になるので，① as が正解になります。ここでは curious と alert の2つの形容詞が並列された譲歩節が，主語 My father と述部 does not appear ... の間に挿入されています。**語句** curious 形「好奇心の強い」，alert 形「用心深い」

和訳 私の父は，新しい技術には好奇心が強いとともに用心深くもあるのだが，その機械の運用システムを調べたようには思えない。

押さえておきたい5題

1〜3：次の各文の空所に最も適切なものを選んで入れよ。

1 Of particular interest to the Japanese company [   ] a planned $1.25 billion, 84-mile high-speed railway network in the U.S.A.

 ① has been ② has sold ③ have been ④ have sold

（関西学院大）

2 There is no denying that he doesn't do much. But what he [   ] do, he does very well.

 ① daren't ② can't ③ does ④ did

（上智大）

3 I don't know why she married an unprincipled person like him, especially because she is deeply religious, [   ] are all the members of her family.

 ① which ② so ③ whereas ④ as

（上智大）

4・5：与えられた語句を並べ替えて，次の各文を完成させよ。

4 彼女はなぜそんなに魅力的な提案を受け入れなかったのでしょうか。
How [   ][   ][   ][   ][   ][   ] accept such an attractive offer?

 ① is ② that ③ not ④ did ⑤ she ⑥ it

（関西学院大）

5 In 1601 [   ][   ][   ][   ][   ] dominate English cartography for two and a half centuries — the publisher.

 ① a figure ② appeared ③ to ④ destined ⑤ there

（上智大）

52

1　①
▶ 文頭に前置詞 Of があることに着目します。前置詞句は名詞ではなく，主語にはなれないので，この文は〈C＋V＋S〉**の倒置**になっていると判断し，空所に入る動詞の形は空所後の主語 a planned ... railway network に合わせることになります。network が単数であり，目的語はないので，① **has been** が正解となります。

[和訳]　その日本企業にとって特に興味深いのは，アメリカで計画中の 12 億 5 千万ドル，84 マイルの高速鉄道網である。

2　③
▶ 第 1 文の doesn't do much「あまりしない」との意味的な対比として，「実際にする場合には」という**強調**の意味を表すのが適切なので，③ **does** が正解になります。①や②は not が含まれているので「しないのに，する」という矛盾が生じます。④は空所後の does と時制が整合しません。

[和訳]　彼があまり働かないということは否定できない。しかし，やることはとてもきちんとやる。

3　④
▶ 空所後が〈are＋名詞句〉で〈be＋主語〉の形になっていることから，接続詞の④ **as** が適切で，「～（するの）と同様に」という意味になります。なお，② so は副詞なので，先行する部分とつなげることができません。

[語句] unprincipled 形「節操のない」，religious 形「信心深い」

[和訳]　私は彼女がなぜ彼のような節操のない人間と結婚したのかわからないが，それは特に，彼女が家族の皆と同様に，非常に信心深いからだ。

4　①⑥②⑤④③　**How is it that she did not** accept such an attractive offer?
▶ 選択肢に it と that が含まれている点から，**強調構文**の可能性を考えます。ここでは文頭にある **How が強調された疑問文**だと判断し，How の後に is it（①⑥）を置き，その後に ② that を続けます。that 節の中は she did not（⑤④③）とし，空所後の accept につなげて完成します。

5　⑤②①④③　In 1601 **there appeared a figure destined to** dominate English cartography ....
▶ there 構文の動詞は be 動詞だけではなく，**seem** や **appear** などが用いられる場合があります。ここではまず，there appeared（⑤②）を入れ，その後に名詞の ① a figure を続けます。次に，(be) **destined to do**「…する運命にある」から a figure を修飾する過去分詞句として destined to（④③）を続け，空所後の dominate につなげて完成します。　[語句] cartography 名「地図製作」

[和訳]　1601 年に，2 世紀半の間イギリスの地図製作を支配することになる人物が現れた。すなわち出版業者だ。

差がつく5題

次の各文の下線部のうち，誤りを含むものを選べ。4・5は誤りがない場合には⑤を選べ。

1 ①Suggested in these theories ②are the claim that human beings ③can live independently ④of their surroundings.

（立命館大）

2 The impressions a child receives from his environment during ①the first years of life ②influences his intellectual development and character very basically. So, the impressions of childhood ③are responsible for whether a person can enjoy the beauty of nature ④or not.

（上智大）

3 Not until the recent scandal ①has the magazines published ②anything even vaguely ③negative about the company or ④its executives.

（上智大）

4 There are ①rarely, ②if never, any convincing answers to ③such difficult but meaningful philosophical questions ④as "What is knowledge?" or "What is truth?". ⑤NO ERROR

（早稲田大）

5 How ①can be that he speaks such flawless English ②without actually ③having lived in an English-speaking country ④before? ⑤NO ERROR

（早稲田大）

1 ② are → is
▶ 文頭が過去分詞 Suggested であることから，〈**C＋V＋S**〉**の倒置**と判断します。主語は the claim であるとわかるので，動詞 ② are は単数に一致しなければならず，is に直す必要があります。

[和訳] これらの理論から示唆されるのは，人類は周囲の環境から独立して生きることができるという主張だ。

2 ② influences → influence
▶ 文頭の**主語 The impressions** に対し，a child receives ... of life という長い関係詞節が後置修飾しているため気付きにくいですが，動詞の ② influences は**複数一致**する必要があるので，influence にしなければなりません。

[和訳] 子供が人生の最初の数年の間に自分の環境から受け取る印象は，非常に基本的なところでその子の知的発達と性格に影響を与える。だから，幼児期の印象は，人が自然美を楽しめるか否かを左右する。

3 ① has → had
▶ 〈**Not until ～＋V＋S**〉「**～まで S は…ない**」の倒置の文です。ここでは until が接続詞ではなく前置詞なので時制を示す動詞が明示されていませんが，the recent scandal「最近のスキャンダル」から，このスキャンダルが**過去の出来事**だと判断できるので，① has は過去完了を作る **had** にしなければなりません。

[和訳] 最近のスキャンダルが起こるまで，雑誌はその会社やその幹部について漠然とでも否定的なものを出版しなかった。

4 ② if never → if ever
▶ 副詞 rarely は「めったにない」という意味なので，すでに否定の意味が含まれているため，if never では二重の否定になってしまいます。よって，②の never を ever に変えます。**rarely[seldom], if ever** で「**たとえあるにしてもめったにない**」の意味になります。

[和訳] 「知識とは何か」や「真実とは何か」というような難しいが意味のある哲学的問いに対する説得力のある答えは，たとえあるにしてもめったにない。

5 ① can be → can it be
▶ 文頭の How can be that ...? では文の主語が存在していません。よって，①の can と be の間に主語となる代名詞 it を加える必要があります。**How can it be that ...?** で「**いったいどうして…なのだろうか**」という意味になります。

[語句] flawless 形「欠点のない」

[和訳] 実際に英語圏の国に以前暮らしたことがないのに，彼はいったいどうしてそんなに完璧な英語を話せるのだろうか。

8 名詞・代名詞の語法

名詞や代名詞の意味や語法に関する知識もないがしろにしてはいけません。この
セクションでは，難関大を目指す上で見落としてはいけない名詞・代名詞に関する
情報を整理し，問題演習を通じて，漏れがないかを再確認しましょう。

☑Check 1 名詞の単複の区別と冠詞

次の文の空所に最も適切なものを選んで入れよ。
Liz has the most unusual eye color I have ever seen. She has ☐, and
they're gorgeous.
① some violet eyes　　② the violet eye
③ the violet eyes　　④ violet eyes　　　　　　　　　　　（慶應大）

正解 ④

解説 リズという女性の目のことについて語っているので，両目であることは明ら
かであり，**複数形 eyes** が求められます。さらに，文脈から特定できる状況で
はなく，定冠詞 the は不適切です。また，some を付けると数が不特定になる
ので，①は不自然です。よって，無冠詞の ④ **violet eyes** が正解になります。

和訳 リズは私がこれまでに見た最も珍しい目の色をしている。彼女は紫の目で，とても美しい。

☑Check 2 特定の形容詞で修飾される名詞

下線部のうち，誤りを含むものを選べ。ただし，誤りがない場合は⑤を選べ。
①Only ②a few number of priests ③are allowed to wear ④the blue and gold robe
at the ceremony. ⑤NO ERROR　　　　　　　　　　　（早稲田大）

正解 ②　　a few number of priests → a small number of priests

解説 名詞 number は few や many で修飾はできず，small，large で修飾します。
よって，a **small** number of ～「少数の～」に直す必要があります。同様に，
amount「量」や population「人口」なども small，large で修飾することを
あわせて確認しておきましょう。

和訳 少数の僧侶のみが，儀式で青と金の式服を着るのを許される。

可算名詞と不可算名詞の区別（差がつく5題：1・3参照）はどのレベルでも最も重要です。さらに可算名詞の単数と複数の区別（☑Check **1**，差がつく5題：2・4参照），そして集合名詞の用法（☑Check **4**，差がつく5題：5参照）などもよく問われます。代名詞については，慣用的な表現（押さえておきたい5題：1・2参照）が特に重要です。

☑Check 3 形式目的語の it

下線部のうち，誤りを含むものを選べ。

I ①find difficult ②to understand why Jack is ③always late. He knows ④how much it annoys me.　　　　　　　　　　　　　　　　　　　　（慶應大）

正解 ①　**find → find it**

解説 find は〈find＋C〉という第2文型で用いることはできません。ここでは〈**find＋O＋C**〉「**OをCと思う**」の第5文型を用いる必要がありますが，Oには形式目的語の it を入れ，後続の to 不定詞を指すようにしなければなりません。

和訳 ジャックがなぜいつも遅れるのか理解するのは難しい。彼はそれが私をどれほどイライラさせるかわかっているのに。

☑Check 4 注意すべき集合名詞

下線部のうち，誤りを含むものを選べ。ただし，誤りがない場合は⑤を選べ。

A small girl ①got lost in the park, and ②a staff had ③an announcement made to ④locate her parents. ⑤NO ERROR　　　　　　　　　　　　（早稲田大）

正解 ②　**a staff → a staff member または a member of staff**

解説 名詞 staff はある組織の職員やメンバー全体を意味する**集合名詞**です。よって，②a staff では「職員全体が」ということになり，明らかに不自然です。had an announcement made「アナウンスをしてもらう」という依頼をするのは「スタッフの1人」であるはずなので，**a staff member** または **a member of staff** に修正する必要があります。

和訳 ある少女が公園で迷子になり，それでスタッフの1人が親を見つけるために放送を流してもらった。

押さえておきたい5題

1～3：次の各文の空所に最も適切なものを選んで入れよ。

1 She went to this doctor and [ ].

    ① it   ② one   ③ such   ④ that

（関西学院大）

2 Though he talked like a man of [ ], his actions were those of a fool.

    ① feelings   ② his word   ③ means   ④ sense

（上智大）

3 We should use [ ] time we have available to discuss Tom's proposal.

    ① a little of   ② little   ③ the little   ④ the little of

（慶應大）

4・5：空所に入れるのに<u>不適切な</u>ものを選べ。

4 [ ] students who live next door are very friendly.

    ① All three   ② The other three   ③ The three
    ④ Those three   ⑤ Three of

（早稲田大）

5 Today, [ ] spend too much time playing and not enough time studying.

    ① almost children   ② a lot of children   ③ children
    ④ many children   ⑤ most children

（早稲田大）

1　④

▶ 空所前の名詞 doctor に this が付いている点に注目します。**this 〜 and that** で「あれこれの〜，いろいろな〜」という意味になるので，④ that が正解です。なお，前文を受けて「しかも，その上」の意味となる and that も用いられることがあります。

和訳 彼女はあちこちの医者に行った。

2　④

▶ 文頭に接続詞 Though があり，コンマの前後で意味的な対立が示されます。文末の a fool「愚か者」との対比を考え，**a man of sense** で「**思慮分別のある人**」の意味を表す ④ sense が正解です。なお，② his word だと a man of his word で「約束を守る人」の意味になります。

和訳 彼は常識のある人のように話したが，彼の行動は愚か者のそれであった。

3　③

▶ 空所後の time は we have available「我々が利用できる」という関係詞節で修飾され，意味的に限定されているので，定冠詞 the の付いた ③ **the little** が正しくなります。

和訳 私たちはトムの提案を議論するために，使えるわずかな時間を使うべきだ。

4　⑤

▶〈数詞＋of 〜〉の場合，名詞句は **the や所有格代名詞**などでその全体の範囲が限定されている必要があります。ここでは空所後の名詞が無冠詞になっているので，⑤ Three of は使用できません。

和訳 隣に住んでいる〔① 3人全員，② 他の3人，③ 3人，④ あの3人〕の学生はとても親切だ。

5　①

▶ almost は〈**almost all＋名詞**〉や〈**almost every＋名詞**〉の形で用い，名詞を直接修飾することはできないので，① almost children は誤った表現です。

和訳 今日，〔② 多くの子供たちは，③ 子供たちは，④ 多くの子供たちは，⑤ ほとんどの子供たちは〕遊ぶのに時間を使いすぎ，勉強する時間が十分ではない。

差がつく5題

次の各文の下線部のうち, 誤りを含むものを選べ。5は誤りがない場合には⑤を選べ。

1 The end of the First World War ①<u>was accompanied by</u> ②<u>unmistakable evidences</u> that ③<u>the majority of</u> Irish people had ④<u>no intention of remaining</u> within the United Kingdom.

(早稲田大)

2 Ben ①<u>hurt</u> himself while ②<u>playing baseball</u> with his friends. His chin was so swollen that he could ③<u>hardly</u> close his ④<u>lip</u>.

(慶應大)

3 ①<u>Not all seats are</u> created equal, and if you're on a flight that isn't sold out you might ②<u>be inclined to stake out</u> better real estate — ③<u>say, a seat that's</u> further from the lavatory or that has ④<u>more leg rooms</u>.

(上智大)

4 My host family ①<u>in</u> England told me that I ②<u>should</u> put enough ③<u>tea leaf</u> into the pot ④<u>in order to</u> make good tea.

(慶應大)

5 ①<u>In the wake of</u> the devastation, ②<u>heavy machineries</u> were ③<u>put to work</u> ④<u>to search for</u> survivors. ⑤<u>NO ERROR</u>

(早稲田大)

1 ② unmistakable evidences → unmistakable evidence

▶ 名詞 evidence「証拠」は**不可算名詞**なので，単数形の evidence に直します。数える場合には，a piece of evidence「1つの証拠」などのような表現を用います。

語句 accompany 他「～に伴う」

和訳 第一次世界大戦の終結は，アイルランド人の大半が英国内に留まる意図がないというまぎれもない証拠を伴っていた。

2 ④ lip → lips

▶「口を閉じる」という意味では上下両方の唇（lip）が必要なので，複数形の lips に直します。　語句 chin 名「あご」, swollen 形「腫れ上がった」（swell の過去分詞形）

和訳 ベンは友だちと野球をしている間に怪我をした。彼のあごはひどく腫れ上がったので口を閉じることがほとんどできなかった。

3 ④ more leg rooms → more leg room

▶「空間，余地」という意味の **room** は**不可算名詞**で，複数形にはならず，④の rooms を room に直す必要があります。なお，文中の real estate「不動産」は比喩的に「（機内の）自席の周りのスペース」のことを指しています。

語句 be inclined to *do* 熟「…したい気になる」, stake out 熟「杭を立てて仕切る」, real estate 名「不動産」

和訳 すべての席が平等に作られているのではなく，席が完売していない飛行機に乗っているのなら，よりよい不動産を囲って仕切りたいという気になるかもしれない。例えば，トイレからもっと遠い席とか，足を伸ばすスペースがもっと広い席とか。

4 ③ tea leaf → tea leaves

▶ leaf「（木・草の）葉」は**可算名詞**であり，無冠詞単数の tea leaf は誤りです。紅茶を入れる場合，複数の茶葉を使うので，③ tea leaf は tea leaves に直します。

和訳 イギリスの私のホームステイ先の家族は，おいしい紅茶を入れるためにはポットに十分な茶葉を入れるべきだと私に言った。

5 ② heavy machineries → heavy machines

▶ **machinery** は「機械設備」という意味の集合名詞で**不可算**です。heavy machinery で「重機類」の意味になりますが，ここでは②の後の動詞が were であり，複数一致が必要なので，可算名詞の machine を用い，heavy **machines** に直します。

語句 in the wake of ～ 熟「～にすぐ続いて」, devastation 名「荒廃，破壊された状態」

和訳 惨害のすぐ後に，生存者の捜索のために重機が稼働された。

9 形容詞・副詞の語法

　このセクションでは，形容詞と副詞に関する知識の再確認を行いましょう。形容詞と副詞の区別はもとより，同じような形をした形容詞の使い分けや，形容詞と特定の前置詞の結びつきなどに関する情報もきちんと整理しておく必要があります。また，複数の形容詞が並ぶ際の語順も基本的な知識ですが，案外，落とし穴になる可能性があります。

✓ Check 1　形容詞の語順

> 次の文の空所に最も適切なものを選んで入れよ。
> She is a typical 　　　　 university student.
> ① charming Japanese　　② college science
> ③ country young　　　　④ light short　　　　　　　　（関西学院大）

正解 ①

解説 主観的評価を示す形容詞 charming の後に国籍を示す Japanese が続いている① charming Japanese が自然な表現です。②は college が空所後のuniversity と意味的に重複します。③は young country の語順が自然です。④は light and short が自然です。なお，性状形容詞が連続する時は，基本的に「**主観的評価 → 大小 → 形状 → 性質・状態 → 新旧 → 色彩**」の順になります。

和訳 彼女は典型的な魅力のある日本人大学生だ。

✓ Check 2　主語と形容詞の関係

> 下線部のうち，誤りを含むものを選べ。ただし，誤りがない場合は⑤を選べ。
> I will not be ①convenient ②for the meeting ③on Friday ④regarding the construction project. ⑤NO ERROR　　　　　　　（早稲田大）

正解 ①　convenient → available

解説 形容詞 convenient「都合の良い」は人を主語にすることができず，**It is convenient for[to] ～** の形式で用います。ここでは文の主語が人を表す Iなので，convenient は使えず，「(人が)手が空いている，都合がつく」の意味の **available** を用いる必要があります。④ regarding は「～に関して」という前置詞で，**with[in] regard to ～** でも表せます。

和訳 私は金曜日の建設プロジェクトに関する会議は都合が悪いです。

最も頻出なのは，形容詞と副詞の区別（✓Check 4，押さえておきたい5題：5参照）ですが，意味や形の類似した形容詞の使い分け（差がつく5題：3，押さえておきたい5題：1参照），特定の前置詞とのコロケーション（押さえておきたい5題：1・4参照）などもよく出題されます。

✓Check 3 注意すべき副詞の用法

下線部のうち，誤りを含むものを選べ。

My dream is ①to go to abroad as ②an overseas exchange student during ③my time at university. （上智大）

正解 ① **to go to abroad → to go abroad**

解説 abroad は副詞なので，前置詞 to を前に置くことはできません。go abroad で「**海外に行く**」の意味になります。なお，「**海外から**」の場合は from abroad で，前置詞と一緒に用いられます。②の overseas は形容詞で「**海外(へ)の**」。

和訳 私の夢は，大学にいる間に海外交換留学生として外国に行くことです。

✓Check 4 形容詞と副詞の区別

下線部のうち，誤りを含むものを選べ。

If ①your baggage ②is temporary lost for longer than twelve hours, we will compensate you ③for the emergency purchase of essential items ④up to a total of $100. （早稲田大）

正解 ② **is temporary → is temporarily**

解説 is lost という受動態の過去分詞を修飾するので，形容詞 temporary ではなく，副詞 **temporarily** にする必要があります。①の baggage は不可算名詞で常に単数形で用います。③の for は compensate A for B で「A に B の補償をする」の意。④の up to 〜 は「〜まで」。

和訳 もしあなたの荷物が12時間以上一時的に行方不明になったら，総額100ドルまでの緊急に必需品を買うための補償をします。

押さえておきたい5題

次の各文の空所に最も適切なものを選んで入れよ。

1 Despite his tough appearance he is actually sensitive [   ] criticism.

    ① with   ② for   ③ in   ④ to

（上智大）

2 Tillie Olsen, a great woman writer, had no private work space and most of her work must have been done in the noisy kitchen, [   ] all kinds of casual interruptions.

    ① away from   ② subject to   ③ thanks to   ④ safe from

（上智大）

3 Tom had cause for jealousy; but he was [   ] a child to guess the cause at once.

    ① too much of   ② something of
    ③ more of   ④ very little of

（上智大）

4 It is very difficult to find general patterns [   ] to all the industries.

    ① common   ② similar   ③ same   ④ shared

（関西学院大）

5 The festival was [   ] delight.

    ① a sheer   ② an extremely   ③ a really   ④ an indeed

（関西学院大）

1 ④
▶ (be) **sensitive to ～** で「～に対して**敏感である**，～で**傷つきやすい**」の意味になるので，④ **to** が正解です。なお，形の似た以下の形容詞との区別にも注意しましょう。sensible「分別のある」，sensory「感覚の」，sensuous「感性に訴える」
和訳 屈強な容姿にもかかわらず，実は彼は批判で傷つきやすい。

2 ②
▶ (be) **subject to ～** で「～を**受けやすい**，～に**左右される**」なので，② **subject to** が正解です。① away from ～「～から離れて」，③ thanks to ～「～のおかげで，～のせいで」，④ safe from ～「～の恐れのない」では，いずれも文意が成立しません。
語句 casual 形「無頓着な」
和訳 ティリー・オルセンはすばらしい女流作家だが，自分だけの仕事場を持たず，彼女の仕事の大半は喧騒な台所で行われ，お構いなしの中断に左右されていたに違いない。

3 ①
▶ 空所後にある不定詞 to guess との関係から **too ～ to do**「～すぎて…できない」という意味を考え，① **too much of** が正解だと判断します。なお，**much of a ～** は「すごい～」という意味の慣用表現です。② something of ～ は「ちょっとした～，かなりの～」の意味がありますが，ここでは文意が不自然になると同時に，後続の不定詞とつながりません。
和訳 トムには嫉妬するだけの理由があったが，その理由がすぐにわかるには子供すぎた。

4 ①
▶ 空所後に前置詞 to があることに注目しますが，② similar では「～によく似た」で意味的に不自然です。よって，① **common** を入れ，「～に共通の」という意味にします。③ same は to ではなく as が必要で，④ shared であれば動作主を導く by が求められます。
和訳 すべての産業に共通する一般的パターンを見つけるのは非常に難しい。

5 ①
▶ 空所後が**名詞 delight** なので，入るのは**形容詞**であり，① **a sheer** が正解になります。②～④はそれぞれ，extremely，really，indeed が副詞なので不適切です。
和訳 お祭りは本当に楽しいものだった。

差がつく5題

次の各文の下線部のうち，誤りを含むものを選べ。3～5は誤りがない場合は⑤を選べ。

1 Of course we ①<u>have to worry</u> about the weather, but it is not ②<u>only</u> the problem. We also have to think ③<u>about</u> ④<u>schedules</u>.

（慶應大）

2 I am ①<u>a nineteen-years-old</u> ②<u>who hopes to enter</u> a good university ③<u>in the 2013 academic year</u>.

（上智大）

3 ①<u>Everyone was looking</u>, so ②<u>I was ashamed</u> after I ③<u>slipped and dropped</u> ④<u>my lunch tray</u>. ⑤<u>NO ERROR</u>

（早稲田大）

4 After Ellen ①<u>moved to</u> New York, ②<u>she was fortunate</u> ③<u>in that</u> she lived ④<u>near to</u> her office. ⑤<u>NO ERROR</u>

（早稲田大）

5 In Washington, Congress ①<u>worked overtime</u> to pass ②<u>a new bill</u> to create ③<u>more jobs</u> for ④<u>handicapped</u>. ⑤<u>NO ERROR</u>

（早稲田大）

1 ② only the → the only

▶ not only は not only A but (also) B「A だけではなく B も」の意味にもなりますが，ここでは，第 2 文で「スケジュール」という「天気」とは別の問題が述べられているので，「**唯一の問題ではない**」という意味になります。よって，② only the の語順を入れ替え，**the only** に直します。

[和訳] もちろん私たちは天気を心配しなければならないが，それだけが問題ではない。スケジュールについても考えなければならない。

2 ① a nineteen-years-old → a nineteen-year-old

▶ 〈数詞＋名詞〉で複合語を作る場合には，**名詞は単数形**になります。よって，nineteen-years-old の -s を削除し，nineteen-year-old に直します。ちなみに「18 歳（の人）」の場合には an 18-year-old［an eighteen-year-old］で冠詞が an になることにも注意しておきましょう。

[和訳] 私は 2013 年度に良い大学に入学することを希望する 19 歳です。

3 ② I was ashamed → I was embarrassed

▶ 形容詞 ashamed は道徳的に間違ったことをしたり，**良心の呵責**から「**恥ずかしい**」という場合に用います。ここでは失敗をしたことで**きまりが悪く，どぎまぎしている**気持ちを表すので，(be) **embarrassed** が適切です。

[和訳] 皆が見ていたので，滑ってランチのトレーを落としてしまった後，恥ずかしかった。

4 ④ near to → near または close to

▶ 直前の動詞が lived で位置の変化を示していないため，④ near to は不適切です。**near** は「〜の近く」の意味で**前置詞**として使えるので，④の **to は不要**であり，削除するか，near を **close** に変えれば正しくなります。

[和訳] ニューヨークに引っ越した後，エレンは会社の近くに住んだという点で幸運だった。

5 ④ handicapped → the handicapped

▶ handicapped は過去分詞の形容詞であり，このままでは前置詞 for の目的語にはできません。よって，**the** を前に置き，〈**the＋形容詞**〉で「**〜の人々**」という名詞に直す必要があります。①の overtime は「時間外で」の意の副詞です。

[和訳] ワシントンでは，議会が障害者により多くの仕事口を生む新しい法案を通過させるために，残業していた。

10 動詞の語法

　文法項目別演習の最後になるこのセクションでは，動詞の語法知識の確認と拡充を目指します。個々の動詞がとることのできる文構造に関する知識に加え，類似した意味を持つ動詞の使い分けや，多義的な動詞の持つさまざまな意味についての情報も，可能な限り蓄積していくことが難関大合格への近道です。

☑Check 1 be supposed to *do*

次の文の空所に最も適切なものを選んで入れよ。

We witnessed one of the heaviest snow storms of the century. The train ☐ arrive at noon but it was delayed for three hours.

①　is supposed 　　②　expected to 　　③　was supposed to 　　④　should have

（上智大）

正解 ③

解説 be supposed to *do* で「…することになっている，…しなければならない」という意味になりますが，過去の出来事について述べているので，③ was supposed to が正解です。② expected to は was が不足しています。④ should have は後ろが過去分詞形 arrived であれば「到着すべきだった（のにしなかった）」になります。

和訳 私たちは今世紀で最も激しい吹雪を目にした。列車は正午に到着するはずだったが，3時間遅れた。

☑Check 2 第4文型で用いられない動詞

下線部のうち，誤りを含むものを選べ。

I ①returned home and carefully ②explained my mother what I had done, and tried to ③make an excuse for causing her ④such a shock.　　（早稲田大）

正解 ②　explained my mother → explained to my mother

解説 動詞 explain には〈V＋O＋O〉の第4文型の用法はありません。〈explain＋O＋to＋人〉の形で用いるので，②の my mother の前に前置詞 to が必要です。この文では〈to＋人〉の後に O となる what I had done が置かれています。なお，第4文型〈cause＋O_1＋O_2〉で「O_1 に O_2 をもたらす，与える」の意味です。

和訳 私は家に戻り，自分がしたことを慎重に母に話し，そして彼女にそんなショックを与えたことに対する言い訳をしようとした。

自動詞・他動詞の区別（差がつく5題：3・5参照）が最も基本的な事項ですが，さらに，特定の文型で用いられるか否かの判断（☑Check 2，押さえておきたい5題：2，差がつく5題：1参照）が頻出です。状態動詞と動作動詞の違い（差がつく5題：4参照），日本語との意味の相違（☑Check 4 参照）なども軽視できません。

☑Check 3 tell と say の区別

下線部のうち，誤りを含むものを選べ。
①Many of the local people he met ②told to him, "Peter, you ③speak such lovely Japanese. Where did you ④learn it?"　　　　　　　　　　（慶應大）

正解 ②　**told to → said to または to を削除**

解説 〈tell to＋人〉という用法はなく，〈to＋人〉の場合は動詞 say を用います。または，**to を削除**して told him とします。なお，that 節を目的語に取る場合にも注意が必要で，〈say（to＋人）that ...〉では〈to＋人〉を省略できるのに対し，〈tell＋人＋that ...〉の「人」は省略できません。

和訳 「ピーター，君はとてもすてきな日本語を話すね。どこで習ったの？」と彼が会った地元の人々の多くは彼に言った。

☑Check 4 日本語と意味の異なる動詞

下線部のうち，誤りを含むものを選べ。ただし，誤りがない場合は⑤を選べ。
Her mother ①claimed about her ②staying out too late ③the night before ④with her friends. ⑤NO ERROR　　　　　　　　　　（早稲田大）

正解 ①　**claimed → complained**

解説 日本語では「クレームをつける」という表現が自然ですが，英語の **claim** には「不平を言う」という意味はなく，「主張する，要求する」という意味です。「不平を言う」という意味では，動詞 **complain**（about ～［that ...］）を用います。

和訳 彼女の母親は，前の晩に彼女が友だちと遅くまで外出していたことに文句を言った。

押さえておきたい5題

1〜3：次の各文の空所に最も適切なものを選んで入れよ。

1 The evidence ☐ of no doubt.

① lacks ② holds ③ bears ④ admits

（関西学院大）

2 I'm afraid I ☐ you an apology.

① beg ② give ③ make ④ owe

（立命館大）

3 This manual confuses me because ☐ several ways.

① it reads ② it understands
③ of reading ④ of understanding

（立命館大）

4・5：与えられた語句を並べ替えて，次の各文を完成させよ。

4 法律は「疑わしきは罰せず」と定めている。
The law ☐ ☐ ☐ ☐ ☐ ☐ ☐
guilty.

① are ② innocent ③ people ④ provides
⑤ proven ⑥ that ⑦ until

（関西学院大）

5 選挙権年齢を引き下げることは，若者の民主主義への参加を促すことになる
だろうか。
Would lowering the ☐ ☐ ☐ ☐ ☐
☐ ☐ in democracy?

① voting ② encourage ③ age ④ to
⑤ people ⑥ young ⑦ participate

（関西学院大）

1 ④

▶ 空所直後に前置詞 of があり，意味的に **admit of ～** で「**～の余地がある**」が適切なので，④ admits が正解です。なお，admit of ～ は通例，否定文で用いますが，ここでは no doubt で否定が示されています。① lack は自動詞の場合，前置詞は in で「～が不足している」です。② hold of ～ は「～に当てはまる」の意味になります。③ bear は bear on［upon］～ で「～に関係する」です。

和訳 この証拠には疑問の余地がない。

2 ④

▶ **owe *A B*** で「**A（人）に B の恩義［借り］がある**」という用法があり，④ owe が正解です。ここでは「あなたに対して 1 回分の謝罪の借りがある」というのが文字通りの意味になります。なお，同様の意味を owe *B* to *A* で表すこともできます。① beg は「～に…を請う」という意味で，この文中では不自然になります。

和訳 君に謝罪しなければいけないようだ。

3 ①

▶ 動詞 **read** には自動詞で「**（木などに）…と書いてある，…と読める**」という用法があるので，① it reads が正解です。形式的には能動文ですが，**意味的に受動**になることに注意が必要です。なお，この意味の read は進行形にはなりません。

和訳 このマニュアルは何通りにも読めるので，紛らわしい。

4 ④⑥③①②⑦⑤ The law **provides that** people are innocent until proven guilty.

▶ **provide** には「～を提供する」の意味以外に，that 節を目的語とし「**…と規定する，…を条件とする**」という用法があります。そこでまず，provides that（④⑥）を入れ，that 節内を people are innocent（③①②）と続け，最後に until proven（⑦⑤）として文末の guilty につなげます。until proven guilty は until they are proven guilty「有罪と立証されるまでは」ということです。

5 ①③②⑥⑤④⑦ Would lowering the **voting age encourage young people to participate** in democracy?

▶ まず，the の後に lowering の目的語になる voting age（①③）を置きます。その後に〈**encourage＋O＋to *do***〉「**O が…するように促す**」を用い，encourage young people to participate（②⑥⑤④⑦）を続けて完成します。

差がつく5題

次の各文の下線部のうち，誤りを含むものを選べ。5は誤りがない場合には，⑤を選べ。

1 "Lay down ①your arms and ②release the hostage!" ③the police ④shouted the burglar.

（慶應大）

2 For instance, a ①stunning 94 percent of Germans under age 30 like it, while ②just 47 percent of those ③50 and older agreed. Huge age gaps ④are also founded in Russia, France, Britain and elsewhere.

（上智大）

3 ①Most people say that they ②would rather be persuaded to stop a bad habit, ③provided they ④are talked by the right person.

（立命館大）

4 Since Michala ①was only three years old, she needed ②her mother's help when ③wearing the new ④pair of pants.

（慶應大）

5 As soon as I got home from work, I ①had myself lain on the sofa and took a short nap, ②for I had no energy and felt as though I was ③coming down with a cold or maybe something ④still worse. ⑤NO ERROR

（早稲田大）

1 ④ shouted the burglar → shouted at the burglar

▶ 動詞 shout には人を目的語にした他動詞用法はありません。ここでは shout at ～「～に向けて叫ぶ」が適切なので，④ shouted の後に at を加えます。

和訳 「武器を捨てて人質を解放しろ！」と警察は強盗に向かって叫んだ。

2 ④ are also founded → are also found

▶ ④の founded は found「～を設立する」の過去分詞形で，意味的に不適切なので，find の過去分詞形の found を用い，「大きな年代差が見つかっている」にします。

和訳 例えば，50 歳以上のドイツ人のわずか 47 パーセントが同意したのに対し，30 歳未満の人々の驚くことに 94 パーセントがそれを好んでいる。大きな世代格差はロシア，フランス，イギリス，さらに他の場所でも見られる。

3 ④ are talked → are told

▶ talk は「話す」という意味では自動詞なので，④ are talked という受動態は不適切です。ここでは，「…するように言う」という意味が適切なので，talked を told に変え，be told（to *do*）「（…するように）言われる」にします。② would rather は「…したい」で，③ provided は「もし…ならば」という接続詞です。

和訳 ほとんどの人々は，適切な人に言われれば，納得して悪い習慣をやめたいと思うと言う。

4 ③ wearing → putting on

▶ 動詞 wear は「～を着ている」という**状態**を表すので，ここでは不適切で，「～を着る」という意味の**動作**を表す put on ～を用い，③ wearing を putting on に修正する必要があります。

和訳 ミカラはわずか 3 歳なので，彼女は新しいズボンをはくのに母親の手伝いが必要だった。

5 ① had myself lain → had myself laid

▶ ①の lain は lie-lay-lain という活用変化をする**自動詞 lie** の過去分詞形です。〈have＋O＋*done*〉「O を…させる，…してもらう」のパターンでは，**O が *done* の意味上の目的語になる必要がある**ので，他動詞 lay の過去分詞にしなければなりません。よって，lain を laid に直します。

語句 come down with ～ 熟「（風邪などに）かかる」

和訳 仕事から帰るとすぐに，私はソファーの上に体を横たえて，短いうたた寝をした。まったく元気がなく，風邪にかかったか，あるいはもっと悪い病気になったかのように感じたからだ。

第2部

設問形式別問題

設問形式別にトレーニングを積もう！

1~15：次の各文の空所に入れるのに最も適切なものを選んで入れよ。

1 It has ⬚ twenty years since my best friend, Miho, and I met in the children's choir.

  ① been   ② left   ③ passed   ④ taken

（慶應大）

2 Very few people, if ⬚ , live in a foreign country without picking up at least some expressions of the local language.

  ① any   ② only   ③ ever   ④ not

（慶應大）

3 The fossil ⬚ from an unknown dinosaur turned out to be a complete fake.

  ① was thought to be   ② which they thought to
  ③ they thought was   ④ what they thought it to
  ⑤ was which they thought

（北里大）

4 The researchers have arrived at an accurate diagnosis but they ⬚ how they would cure the disease.

  ① have yet to find   ② have been found
  ③ have ever found   ④ be to find

（慶應大）

5 The company can label its watches Swiss-made ⬚ at least 50 percent of their parts come from Switzerland.

  ① as well as   ② as much as   ③ as many as   ④ as long as

（上智大）

1 ①

▶ 文の主語が It であることから，〈**It is〔has been〕＋期間＋since ...**〉「…してから～経つ」が適切なので，① **been** が正解です。③ passed の場合は期間を主語とし，Twenty years have passed since ... という形になる必要があります。④ taken は〈It has taken＋期間＋to *do*〉「…するのに～かかった」という形で用います。

和訳 親友のミホと私が子供合唱団で出会ってから 20 年になる。

2 ①

▶ 〈**few＋名詞, if any**〉で「たとえあるとしても，ほとんどない～」の意味になるので，① **any** が正解。② if only は後ろに節を続け，「…でありさえすれば」という願望表現，③ if ever は seldom, if ever で「まったくないわけではないが，めったに～ない」という頻度を表す表現。 語句 pick up ～ 熟「（言葉など）を覚える」

和訳 外国で暮らして，その土地の言葉の表現を少なくともいくつかは身につけない人は，たとえあるとしても，ほとんどいない。

3 ③

▶ 文全体の主動詞は turned out で，空所から dinosaur までは The fossil を先行詞とする関係詞節になる必要があります。〈**they thought＋S＋was ...**〉で was の主語 S（the fossil）が関係代名詞になると，The fossil（which〔that〕）they thought was ... ができ，その関係詞が省略されると ③ **they thought was** の形になります。

語句 dinosaur 名「恐竜」，fake 形「偽の」

和訳 彼らが未知の恐竜のものだと考えた化石は，完全な偽物であることがわかった。

4 ①

▶ **have〔be〕yet to *do* で「まだ…していない，これから…しなければならない」**という意味なので，① **have yet to find** が正解。②は受動態になっており，目的語となる how 以下の名詞節を後続できません。③は肯定平叙文での ever が不適切です。

語句 diagnosis 名「診断」

和訳 研究者たちは正確な診断に至ったが，どのようにその病気を治療するかはまだわかっていない。

5 ④

▶ 空所後で文が完成しているので**接続詞が必要**であり，④ **as long as ...**「…さえすれば，…する限りは」が正解になります。

和訳 少なくとも部品の 50％がスイスからのものであれば，企業は腕時計をスイス製とすることができる。

6 Monetary policy [   ] more effective in the U.S. had more attention been devoted to credit blockages.

    ① has been   ② would have been   ③ was   ④ will be

（慶應大）

7 "Hey. My bike's been moved." "[   ]. Now you won't park it in front of the station anymore."

    ① So have you   ② So it has   ③ That's it   ④ There are you

（慶應大）

8 We were impressed with the zeal [   ] he spoke of the plan.

    ① to what   ② with what   ③ to which   ④ with which

（関西学院大）

9 While the rebellion might have been a needless sacrifice, it [   ] promoted democracy in the nation a great deal.

    ① whatever   ② nonetheless   ③ moreover   ④ nothing

（慶應大）

10 Muhammad Yunus, an idealist who wanted to ensure that loans are available to the poor, set up Grameen Bank; most of its lending is [   ] such as street vending and farming.

    ① for income-generating activities
    ② making significant profits
    ③ to help excluded but motivated people
    ④ an alternative to large bank funding

（慶應大）

6 ②

▶ had more attention been devoted から条件節の if の省略による倒置だと判断すると，仮定法過去完了の文が適切なので，② **would have been** が正解です。この文は接続詞 if を用いると，if more attention had been devoted ... となります。

語句 monetary 形「金融の」，credit blockage 名「クレジットカードの利用停止」

和訳 クレジットカードの利用停止にもっと注意が向けられていたならば，金融政策はアメリカでもっと効果が上がっただろう。

7 ②

▶「実際にそうだ」という意味では〈So＋主語＋助動詞〉の形になります。ここでは先行する発言の主語が My bike で，現在完了形が用いられているので，② **So it has** が正解です。なお，「〜もそうだ」という意味ではないので，So has it. という形にはなりません。

和訳「おや，ぼくの自転車が移動されてしまった」「そうだね。もう駅前には止めないよね」

8 ④

▶ with zeal で「熱心に」という意味なので，④ **with which** が正解です。the zeal with which ... で「…する熱意」という意味が表現できます。

和訳 私たちは彼が計画について語る熱意に感動した。

9 ②

▶ 文頭に While があり，従属節と主節で**意味的な対比**が行われている点から，② **nonetheless**「にもかかわらず」が正解です。③ moreover「さらに」は意味的に不自然になります。① whatever は複合関係代名詞，④ nothing は代名詞で，いずれも位置的に不適切です。 語句 rebellion 名「反乱」，sacrifice 名「犠牲」

和訳 反乱は無用な犠牲だったかもしれないが，それでもその国の民主主義を大いに進めた。

10 ①

▶ such as 〜「〜のような」から，street vending and farming「街頭での行商と農業」が具体例となる ① **for income-generating activities**「収入を生む活動のため」が正解。②〜④は significant profits「かなりの利益」，excluded but motivated people「除外されたがやる気のある人々」，large bank funding「巨額の銀行資金」が意味的に整合しません。

和訳 ムハマド・ユヌスは，貧しい者でもローンが利用できるようにしたいと願っていた理想家だが，グラミン銀行を設立した。その貸付の大半は街頭での行商や農業といった収入を生む活動に向けられている。

11 When turtles began to crawl across the airport runway, delaying landings and halting takeoffs, it reminded us that the animal kingdom is full of neighbors who often drop by [ ].

    ① unannounced   ② not announcing

    ③ no announcement   ④ no announcing

(慶應大)

12 Her research also found that developmental problems at the age of three were more common [ ] the father took no time off after the birth of the child.

    ① where   ② which   ③ although   ④ because

(上智大)

13 As humans we enjoy not only the privilege of existence but also the ability to appreciate it and even, in a multitude of ways, [ ] better.

    ① has made it   ② make it   ③ have made it   ④ makes it

(慶應大)

14 What is commonly called peace is not peace at all; mere absence of fighting is not peace. [ ], if you want peace, you will have to fight for it.

    ① In spite of that   ② To make the matters worse

    ③ On the contrary   ④ Otherwise

(上智大)

15 He apologized tearfully for his rudeness. Yet [ ] his regret is as genuine as it seems, I cannot say.

    ① unless   ② still   ③ whether   ④ how

(上智大)

11　①

▶ **drop by** で「立ち寄る」という意味の自動詞です。よって，by の目的語になる名詞・動名詞ではなく，**副詞が必要**となるので，① unannounced「予告なしに」が正解になります。　語句 crawl 自「のろのろ進む」，runway 名「滑走路」，halt 他「～を（一時的に）停止させる」

和訳 カメが空港の滑走路をゆっくり横切り始め，着陸を遅らせ，離陸を中断させた時，動物界はしばしば予告なしに訪ねてくる隣人で満ちていることを，我々に思い出させた。

12　①

▶ 空所後に主語や目的語の不足はないので，関係代名詞の ② which は不適切です。③ although，④ because では文意が成立しません。**副詞節を導く接続詞**「…の場合には」の ① where が正解です。

語句 developmental problem 名「発達障害」，take time off 熟「休みを取る」

和訳 彼女の研究はまた，3 歳での発達障害は，子の誕生後に父親がまったく休暇を取らなかった場合によく見られることを発見した。

13　②

▶ 空所部分は in a multitude of ways「多数の方法で」という挿入句の前にある even から続いていますが，これは the ability の内容を説明する形容詞用法の不定詞 to appreciate it と and で並列されていると考えるのが適切なので，② **make it** が正解です。　語句 a multitude of ～ 熟「多数の，大量の」

和訳 人間として私たちは生存の特権だけではなく，それを評価し，さらに，非常に多くの方法でそれをより良くする能力をも享受している。

14　③

▶ 意味的に ③ **On the contrary**「それどころか，そうではなく」が適切です。① In spite of that「それにもかかわらず」，② To make the matters worse「さらに悪いことには」，④ Otherwise「そうでなければ」はいずれも文脈に合いません。

和訳 一般的に平和と呼ばれるものは平和ではない。単に戦闘がないということは平和ではないのだ。それどころか，平和を望むのであれば，そのために戦わなければならない。

15　③

▶ 空所以降は文末の動詞 say の**目的語の名詞節が前置**されたもので，接続詞の ③ **whether** が正解です。① unless は副詞節を導く接続詞，② still は副詞，④ how は疑問詞で文意が成立しません。　語句 genuine 形「本物の，心からの」

和訳 彼は涙ながらに自分の無礼を詫びた。しかし，彼の後悔が見た目通りに心からのものであるかどうかは，私には言えない。

16 She and I were closest collaborators. When her name is spoken by future generations, my name will come up in the talk, and if my name is spoken first, her name will come in ⬚ turn, because of the years ⬚ worked together.

    ① her / they   ② their / we   ③ our / they   ④ its / we

    （慶應大）

17 One difference between Japan and Korea on the one hand and the United States and ⬚ Western developed countries on ⬚ is that women tend to drop out of the labor force while raising children in the two Asian countries.

    ① other / other   ② other / the other
    ③ another / another   ④ another / one another   （慶應大）

18 Most decisions corporate leaders make are not political. You would be insane to seek an average executive ⬚ you thought might be acceptable politically, as opposed to a first-class business expert about ⬚ politics you are unclear.

    ① who / whose   ② who / which
    ③ whom / whose   ④ whom / which   （慶應大）

19 It is not always easy to write a news article that delivers ⬚ information in ⬚ of space.

    ① many / a small amount ② many / a small number
    ③ much / a small amount ④ much / a small number （慶應大）

20 ⬚ knowledge of the poet's life and thought ⬚ helpful for understanding his poems.

    ① A few / is   ② A few / are   ③ Some / is   ④ Some / are

    （慶應大）

16 ④

▶ in *one's* turn「〜の順番で」から，最初の空所は her name を指す所有格の its が適切で，2つ目の空所は worked together の主語が必要なので，we が適切です。よって，④が正解になります。 語句 collaborator 名「協力者，共同研究者」

和訳 彼女と私は最も親密な共同研究者だ。将来の世代の人々によって彼女の名前が口にされる時，私の名前も話に出てくるだろうし，もし私の名前が先に口にされたら，彼女の名前が次に来るだろうが，それは私たちが一緒に働いた年月のせいである。

17 ②

▶ 最初の空所は the United States と並列する形で「他の西洋先進諸国」という意味にすべきなので，other が適切です。2つ目は on the one hand「一方で」に対しての on the other (hand)「他方で」とすべきなので，the other が適切で，正解は②となります。 語句 labor force 名「労働力」

和訳 一方で日本や韓国，他方で合衆国や他の西洋先進諸国との間の相違の1つは，このアジアの2ヵ国では子育てをしている間，女性が労働力から脱落する傾向があることだ。

18 ①

▶ 最初の空所は，その後の挿入節 you thought の後に〈助動詞＋動詞〉might be があるので，その主語となる関係代名詞の主格 who が適切です。2つ目は，politics を修飾する所有格の whose が適切です。

語句 insane 形「ばかげた」，first-class 形「一流の」

和訳 企業のリーダーが下す決定の大半は政治的なものではない。政策が不確かな一流の経営専門家ではなく，政治的に受け入れられるかもしれないと思えるような平均的な経営者を探すのはばかげている。

19 ③

▶ 最初の空所は information を修飾するので much が適切であり，2つ目は space が不可算名詞として用いられているので an amount of 〜「〜の量」が正しく，正解は③となります。

和訳 わずかな量のスペースに多くの情報を伝えるニュース記事を書くのはいつも簡単とは限らない。

20 ③

▶ 単数形の knowledge を修飾する最初の空所には A few は入れられず，Some が適切です。文の主語 knowledge に数の一致が必要な2つ目の空所は is となるので，③が正解です。

和訳 その詩人の人生と思想についてのいくらかの知識が，彼の詩を理解するのに役立つ。

21～25：次の各文中の空所に入れるのに<u>不適切なもの</u>を選べ。

21 [   ] my apartment there is an excellent Chinese restaurant.

    ① Behind   ② From   ③ Near   ④ Next to   ⑤ Not far from

(早稲田大)

22 I happened to meet a childhood friend [   ].

    ① an hour ago   ② at lunchtime   ③ on this morning
    ④ the other day   ⑤ yesterday

(早稲田大)

23 I have lived here [   ] years.

    ① a good forty   ② for forty   ③ forty
    ④ since forty   ⑤ some forty

(早稲田大)

24 With age, the couple [   ] the neighborhood in which they live.

    ① are now fond of   ② have grown slowly fond of
    ③ never have been fond of   ④ no longer appear fond of
    ⑤ will become fond of

(早稲田大)

25 Although the new student may seem to be [   ] diligent, the teachers are certain that he will go far.

    ① anything but   ② far from   ③ in no way
    ④ not at all   ⑤ such as

(早稲田大)

21　②

▶ From my apartment「私のアパートから」では，there is ～「～がある」と意味的に整合しないので，② From が誤りです。

[和訳] 私のアパート〔① の後ろに，③ の近くに，④ の隣に，⑤ から遠くないところに〕，すばらしい中華料理店がある。

22　③

▶ morning, afternoon や week, month, year のような時間単位を表す語に指示形容詞の this や that が付くと，それだけで副詞句として機能するので，**前置詞は不要**になります。よって，③ on this morning とは言わず，**this morning にすべき**です。

[和訳] 私は〔① 1 時間前に，② 昼食時に，④ 先日，⑤ 昨日〕子供の頃の友だちに偶然出会った。

23　④

▶ since は「～以来」という意味で，特定の時点を後ろに続ける必要があり，forty years「40 年」という期間とは意味的に整合しません。よって，④ since forty が誤りです。　[語句] good [形]「かなりの，たっぷりの」

[和訳] 私はここに〔① 40 年も，② 40 年，③ 40 年，⑤ およそ 40 年〕住んでいる。

24　③

▶ ③ never have been fond of は **never の位置が不自然**です。文頭に **With age**「年齢とともに，年を取るにつれ」があるので，何らかの変化を表す表現が適切ですが，③では変化を示すことができません。

[和訳] 年を取るにつれ，その夫婦は自分たちが住んでいる近隣を〔① 今では好きである，② 徐々に好きになった，④ もはや好きでないように見える，⑤ 好きになるだろう〕。

25　⑤

▶ ⑤ **such as ～**「～のような」では文意が成立しません。① anything but ～，② far from ～，③ in no way，④ not at all はすべて「まったく～ではない」という意味を表現できます。

[和訳] その新しい学生はまったく勤勉ではないように思えるかもしれないが，教師たちは，彼はかなりできると確信している。

❷ 語句整序問題

与えられた語句を並べ替えて，次の各文を完成させよ。

1 彼らが行動を起こしたのはその計画に反対したからかどうかはわからない。

Whether they acted because they ⬜ ⬜ ⬜ ⬜ ⬜ ⬜ ⬜ doubt.

① against　② is　③ open　④ plan　⑤ the　⑥ to　⑦ were

（立命館大）

2 彼女はそのニュースを聞くと，私が予想した以上に怒った。

She was ⬜ ⬜ ⬜ ⬜ ⬜ ⬜ ⬜ when she heard the news.

① angrier　　② be　　③ I　　④ she
⑤ than　　⑥ thought　　⑦ would

（立命館大）

3 少し考えてみれば，それはうまくいかないとわかるだろう。

A ⬜ ⬜ ⬜ ⬜ ⬜ ⬜ ⬜ won't work.

① would　② it　③ lead　④ moment's　⑤ to
⑥ realize　⑦ you　⑧ that　⑨ reflection

（関西学院大）

4 世の中は，その向こうに多くのチャンスを見いだすことができる扉で満ちている。

The world ⬜ ⬜ ⬜ ⬜ ⬜ ⬜ ⬜ many opportunities.

① doors　② which　③ find　④ can　⑤ through
⑥ full　⑦ we　⑧ of　⑨ is

（関西学院大）

5 この本は，英語を習い始めたばかりの人にはあまりにも難しすぎる。

This book is ⬜ ⬜ ⬜ ⬜ ⬜ ⬜ just started learning English.

① advanced　　② for　　③ have　　④ those
⑤ too　　⑥ way　　⑦ who

（立命館大）

1 ⑦①⑤④②③⑥　Whether they acted because they **were against the plan is open to** doubt.

▶ まず because 節の主語 they の後に were against（⑦①）を置き，「〜に反対した」を作り，前置詞 against の目的語に the plan（⑤④）を続け，文の主語になる Whether が導く名詞節を完成させます。その主語に続けて is open to（②③⑥）を置き，文末の doubt と結び，「疑念の余地がある」の意味とします。

語句 (be) open to 〜 **熟**「〜を受けやすい，〜の余地のある」

2 ①⑤③⑥④⑦②　She was **angrier than I thought she would be** when she heard the news.

▶ まず was の補語になる形容詞の比較級 ① angrier を入れ，その後に ⑤ than を続けます。「私が予想した」は「彼女がそうなると私が思った」ということなので，I thought she would be（③⑥④⑦②）を than の後に続けて完成です。

3 ④⑨①③⑦⑤⑥⑧②　A moment's reflection **would lead you to realize that it** won't work.

▶ 文頭に不定冠詞 A があることから，**無生物主語の構文**を想定します。まず，moment's reflection（④⑨）「一瞬考えてみること」を主語とし，その後に助動詞の ① would を続けます。そして，〈**lead＋O＋to** *do*〉「O に…させる」から lead you to realize（③⑦⑤⑥）とし，realize の目的語となる⑧ that 節を続け，その主語として ② it を配置して完成です。

4 ⑨⑥⑧①⑤②⑦④③　The world **is full of doors through which we can find** many opportunities.

▶ まず「扉で満ちている」から is full of doors（⑨⑥⑧①）を作り，「その向こうに」を「それを通って」と考え，through which（⑤②）の〈**前置詞＋関係代名詞**〉を続けます。最後に関係詞節中に we can find（⑦④③）を置いて完成です。

5 ⑥⑤①②④⑦③　This book is **way too advanced for those who have** just started learning English.

▶「難しい」に相当する語は ① advanced「上級者向けの」なので，too advanced（⑤①）を作りますが，⑥ way には副詞として「はるかに」という意味で**副詞・前置詞（句）を強める用法**があるので，way too advanced（⑥⑤①）とします。その後に ② for を続け，those who（④⑦）で「〜の人々」とし，最後に完了形を作る助動詞の ③ have を置いて完成です。

6 彼女は怒っていたので，もう彼の言い訳には我慢できなかった。

She was ☐ ☐ ☐ ☐ ☐ ☐ ☐
longer.

① his ② angry ③ to ④ any
⑤ too ⑥ endure ⑦ excuse

（関西学院大）

7 単語のつづりがわからないときはいつでも辞書を引くようにと先生がおっしゃった。

Our teacher ☐ ☐ ☐ ☐ ☐ ☐
☐ ☐ ☐ ☐ the spelling of a word.

① a dictionary ② are ③ consult ④ encouraged
⑤ of ⑥ to ⑦ uncertain ⑧ us
⑨ we ⑩ whenever

（関西学院大）

8 彼は立て続けに2冊の本を出版し，どちらも50万部以上売れた。

He published two books in a row, both ☐ ☐
☐ ☐ ☐ ☐ .

① a million ② copies ③ half ④ of
⑤ over ⑥ sold ⑦ which

（立命館大）

9 昨日，昔なじみの友だちと劇場へ出かけた。演技はすばらしかったと僕は思ったが，友だちは長すぎると言って批判した。

I went to the theater with an old friend yesterday. The performance was excellent, I thought, but she criticized it ☐ ☐ ☐
☐ ☐ ☐ ☐ long.

① grounds ② it ③ on ④ that
⑤ the ⑥ too ⑦ was

（関西学院大）

10 彼の姉妹3人が著名な建築家であるのは偶然ではない。

It ☐ ☐ ☐ ☐ ☐ ☐ ☐
prominent architects.

① accident ② are ③ his ④ is
⑤ no ⑥ that ⑦ three sisters

（立命館大）

6 ⑤②③⑥①⑦④　She was **too angry to endure his excuse any** longer.

▶ too ～ to *do*「～過ぎて…できない」を用います。too angry to endure（⑤②③⑥）をまず作り，その後に endure の目的語として his excuse（①⑦）を続け，最後に④ any を配置します。too ～ to *do* の否定的な意味と any longer の結び付きで，**not ～ any longer**「もはや～ない」という意味が表現されます。

7 ④⑧⑥③①⑩⑨②⑦⑤　Our teacher **encouraged us to consult a dictionary whenever we are uncertain of** the spelling of a word.

▶〈**encourage＋O＋to *do***〉「O に…するよう促す」を用い，encouraged us to consult（④⑧⑥③）を作ります。次に consult の目的語に ① a dictionary を置き，その後に ⑩ whenever で始まる節を続けます。その節中の主語には ⑨ we を置き，**are uncertain of ～**（②⑦⑤）「～について確信がない」を配置して完成です。

8 ④⑦⑥⑤③①②　He published two books in a row, **both of which sold over half a million** copies.

▶ まず both の後に ④ of を置き，both of ～「～の両方」を作り，その後に two books を先行詞とする関係代名詞の ⑦ which を続け，さらに動詞 ⑥ sold を置きます。次に「～以上」の ⑤ over を入れ，最後に half a million copies（③①②）を置いて完成です。　**語句** in a row 熟「続けて」

9 ③⑤①④②⑦⑥　.... The performance was excellent, I thought, but she criticized it **on the grounds that it was too long**.

▶ まず **on the grounds that ...**（③⑤①④）で「…という理由で」を作ります。that 節中は it was（②⑦）で主語と動詞を置き，最後に文末の long を修飾する ⑥ too を置いて完成です。

10 ④⑤①⑥③⑦②　**It is no accident that his three sisters are** prominent architects.

▶ 形式主語 it を用いて **It is no accident that ...**（④⑤①⑥）で「…は偶然ではない」の意味になります。that 節中は his three sisters（③⑦）を主語にし，② are を続けて完成です。　**語句** prominent 形「著名な」

11 ジュディーは，食べ物が顔についているのかと気にして，手で払った。

Judy nervously wiped her face, [ ] [ ] [ ] [ ] [ ] [ ] [ ] it.

① food　　② have　　③ might　　④ stuck on
⑤ she　　⑥ some　　⑦ thinking　　（関西学院大）

12 組合の幹部として，労働条件の改善に微力ながらも力を尽くした。

As a union leader, I [ ] [ ] [ ] [ ] [ ] [ ] working conditions.

① could　　② did　　③ I　　④ improve
⑤ little　　⑥ to　　⑦ what　　（立命館大）

13 友人から電話があったので，訪問せずに済みました。

[ ] [ ] [ ] [ ] [ ] [ ] [ ] [ ] .

① of　　② her　　③ the　　④ my friend's
⑤ spared　　⑥ phone call　　⑦ trouble　　⑧ visiting　　⑨ me

（獨協医科大）

14 最近鉄道事故が相次ぎ，関係者たちの気のゆるみが批判されている。

Recently railway accidents have happened one after another,

[ ] [ ] [ ] [ ] [ ] [ ] [ ] .

① been　　② concerned　　③ criticized　　④ has
⑤ carelessness of　　⑥ and　　⑦ the　　⑧ those

（関西学院大）

15 私たちが有罪だと思った人は，実は無罪かもしれない。

The [ ] [ ] [ ] [ ] [ ] [ ] [ ] actually be innocent.

① guilty　　② man　　③ might　　④ thought
⑤ was　　⑥ we　　⑦ who　　（立命館大）

11　⑦⑤③②⑥①④　Judy nervously wiped her face, thinking she might have some food stuck on it.

▶ ⑦ thinking を用いた分詞構文を作りますが，that が省略されていると考え，そのまま主語と動詞句を続け，she might have（⑤③②）とします。「食べ物が顔についている」という状態を表現する必要があるので，〈**have ＋ O ＋ *done***〉「O を…される」と判断し，some food stuck on（⑥①④）として，her face を指す文末の it に続けます。

12　②⑦⑤③①⑥④　As a union leader, I did what little I could to improve working conditions.

▶ まず主語の I の後に動詞 ② did を置き，その目的語に関係形容詞の what を用い，what little I could（⑦⑤③①）で「私にできたわずかばかりのことすべて」とします。最後に「〜を改善するために」で不定詞の to improve（⑥④）を続けて完成します。

13　④⑥⑤⑨③⑦①⑧②　My friend's phone call spared me the trouble of visiting her.

▶「…なので」を表す接続詞などが選択肢にない点から，**無生物主語の構文**を考え，my friend's phone call（④⑥）を主語とし，動詞句は〈**spare ＋ O₁ ＋ O₂**〉「**O₁ に O₂（苦労・手間など）をかけない，免れさせる**」から spared me the trouble（⑤⑨③⑦）とします。最後に of visiting her（①⑧②）を続けて完成です。

14　⑥⑦⑤⑧②④①③　..., and the carelessness of those concerned has been criticized.

▶ 空所直前にコンマがありますが，関係詞などはないので，まず接続詞の ⑥ and を入れます。次に，節の主語として the carelessness of those（⑦⑤⑧）を作り，代名詞 those を後から ② concerned で修飾し，**those concerned**「**関係者たち**」とします。述部は**現在完了の受動態**であると判断し，has been criticized（④①③）として完成です。

15　②⑦⑥④⑤①③　The man who we thought was guilty might actually be innocent.

▶ まず文頭の The に続いて文の主語になる ② man を置き，それを先行詞とする関係代名詞の ⑦ who を続けます。次に「私たちが有罪だと思った人」から**挿入節**が続くと判断し，we thought（⑥④）を続け，さらに，was guilty（⑤①）を置いて関係詞節を完成させます。最後に，③ might を置き，be innocent に続くようにします。

16 バイオテクノロジーの有益性と危険性に，現代社会がどう対応していくかについてはまだわからない。

It ☐ ☐ ☐ ☐ ☐ ☐ ☐ will cope with the benefits and risks of biotechnology.

① be ② how ③ modern ④ remains
⑤ seen ⑥ society ⑦ to

（立命館大）

17 職場の新しい方針に関する情報を送っていただけると幸いです。

I would ☐ ☐ ☐ ☐ ☐ ☐ ☐ the information regarding new policies at work.

① appreciate ② could ③ if ④ it
⑤ me ⑥ send ⑦ you

（立命館大）

18 どうして会議がキャンセルになるなんて思うのですか。

What ☐ ☐ ☐ ☐ ☐ ☐ ☐ cancelled?

① be ② makes ③ meeting ④ the
⑤ think ⑥ will ⑦ you

（立命館大）

19 短い単語で十分な時は長いものを使わない方がよい。

Never use a long word ☐ ☐ ☐ ☐ ☐ ☐ ☐ well.

① a ② as ③ do ④ one
⑤ short ⑥ when ⑦ will

（立命館大）

20 その実験はおそらく大失敗するだろう。

The ☐ ☐ ☐ ☐ ☐ ☐ ☐ miserably.

① experiment ② fail ③ is ④ probability
⑤ that ⑥ the ⑦ will

（立命館大）

16 ④⑦①⑤②③⑥　It remains to be seen how modern society will cope with the benefits and risks of biotechnology.

▶ 形式主語 It を用いて〈**It remains to be seen**（④⑦①⑤）＋疑問詞 ...〉で「…はまだわからない，…はこれからのことだ」の意味が表現できます。ここでは，疑問詞 ② how が導く節とし，その節の主語に modern society（③⑥）を配置して完成です。

17 ①④③⑦②⑥⑤　I would appreciate it if you could send me the information regarding new policies at work.

▶〈**I would appreciate it if**＋S＋仮定法過去〉で「…していただけるとありがたいです」という**丁寧な依頼表現**になります。よって，appreciate it if（①④③）をまず作り，その後の if 節中は you could send me（⑦②⑥⑤）として完成させます。

18 ②⑦⑤④③⑥①　What makes you think the meeting will be cancelled?

▶「どうして」という和文に対して文頭に What があることから，**無生物主語構文**を考え，「何があなたに思わせるのか」という意味で makes you think（②⑦⑤）をまず作ります。think の目的語になる that の省略された節を the meeting will be（④③⑥①）とし，文末の cancelled につなげます。

19 ⑥①⑤④⑦③②　Never use a long word when a short one will do as well.

▶ まず接続詞の ⑥ when を入れ，その後に節を続けますが，その主語となる「短い単語」は，すでに word が空所前に示されているので，代名詞の ④ one で指すと考え，a short one（①⑤④）とします。そして，助動詞の ⑦ will の後に「間に合う，ちょうどよい」の意味を表す**自動詞**の③ do を続けます。最後に ② as を置き，as well（as a long word）「（長い語と）同じくらいよく」を作ります。

20 ④③⑤⑥①⑦②　The probability is that the experiment will fail miserably.

▶「その実験」という和文の主語に引きずられて The experiment で始めてしまうと文が作れなくなります。ここでは，**The probability is that ...**（④③⑤）「見込みは…だ，恐らく…だろう」を用います。そして，that 節中の主語を the experiment（⑥①）とし，動詞句 will fail（⑦②）を続けて完成します。

21 His argument was convincing; otherwise ☐☐☐ ☐☐☐☐.

① agreed   ② have   ③ him   ④ no
⑤ one   ⑥ with   ⑦ would

（一橋大）

22 What we all want to achieve is ☐☐☐☐ ☐.

① appreciated   ② having   ③ our   ④ properly   ⑤ talents

（一橋大）

23 DNA is the substance in the human body that passes from parents to children and ☐☐☐☐☐☐ ☐ human being.

① identify   ② to   ③ it   ④ individual
⑤ every   ⑥ possible   ⑦ makes

（上智大）

24 A defense of television history necessarily involves a ☐ ☐☐☐☐ ☐ a vehicle for understanding.

① of   ② as   ③ imagery
④ the power   ⑤ in   ⑥ belief

（上智大）

25 The study shows pigeons have a general intelligence ☐ ☐☐☐☐ have the most impressive bird brains.

① surprise   ② that crows and parrots   ③ who have thought
④ many   ⑤ that might

（名古屋工業大）

21 ④⑤⑦②①⑥③　His argument was convincing; otherwise **no one would have agreed with him.**

▶ 空所前の **otherwise** から，if his argument had not been convincing「彼の主張に説得力がなかったならば」という条件を考え，**仮定法過去完了の帰結節**を作ります。よって，no one(④⑤)を主語とし，would have agreed with him(⑦②①⑥③)となります。

和訳 彼の主張は説得力があったが，そうでなければ，だれも彼に賛成しなかっただろう。

22 ②③⑤④①　What we all want to achieve is **having our talents properly appreciated.**

▶ is の補語になる名詞句を作りますが，⑤ talents を先に入れると文が成立しないので，② having を動名詞と考え，これを is の補語にします。そして，〈**have + O + done**〉「**O を…される，してもらう**」から，having our talents appreciated(②③⑤①)を作ります。副詞の ④ properly は appreciated を修飾するので，その前に置かれます。

和訳 我々が皆実現したいのは，自分たちの才能を正しく評価してもらうことだ。

23 ⑦③⑥②①⑤④　... and **makes it possible to identify every individual human being.**

▶ ② to，③ it，⑥ possible があることから，**形式目的語と to 不定詞**の組み合わせを考え，makes it possible to identify(⑦③⑥②①)を作ります。そして，identify の目的語となる human being の前に every individual(⑤④)を置いて完成です。

和訳 DNA は人体にある物質で，親から子供へ受け継がれ，個々の人間を特定するのを可能にする。

24 ⑥⑤④①③②　... a belief in the power of imagery as a vehicle for understanding.

▶ 空所前の a から可算名詞が必要ですが，③ imagery「心的イメージ」は不可算名詞なので，⑥ belief になります。**belief in ～** で「**～への信頼，信仰**」なので，⑤ in が続き，その目的語には the power of imagery(④①③)が適切です。最後に「～として」の意味で ② as を置いて完成です。

和訳 テレビの歴史の弁護には必然的に理解の媒介として心象の力への信頼が伴う。

25 ⑤①④③②　... a general intelligence **that might surprise many who have thought that crows and parrots** have the most impressive bird brains.

▶ ⑤ that might の後には**原形動詞**が必要なので，**他動詞の** ① **surprise** を置き，その目的語に ④ many を続けます。次に，**many を先行詞とした関係詞**が来ると考え，③ who have thought を置き，thought の目的語である that 節を ② that crows and parrots で続けます。

和訳 カラスやオウムが最もすばらしい鳥の脳を持っていると考えてきた多くの人々を驚かせるかもしれない一般的知能をハトが持っているということを，その研究は示している。

❸ 下線部正誤問題

1〜15：次の各文の下線部①〜④のうち，誤りを含むものを選べ。

1 A small painting, sold ①at auction in 1998 as ②an early nineteenth-century imitation of the Renaissance style ③by $21,850, is now believed to be ④a genuine Leonardo Da Vinci.

（上智大）

2 It's true that Hollywood isn't popular everywhere. ①In particular, it has limited appeal in some predominantly Muslim nations. Among 20 countries ②that surveyed by Pew Research, the only four ③where majorities said they do not like American movies, music, and TV ④were Pakistan, Turkey, Egypt, and Jordan.

（上智大）

3 The word "science" ①once meant knowledge of any department of learning. Not until the nineteenth century ②its meaning tended to be restricted ③to the systematic study of the natural world. Early scientists were usually ④called "natural philosophers".

（上智大）

4 ①Almost every girl went home ②as soon as she ③was finished with classes, so teachers had enough time to ④talk about.

（立命館大）

5 ①For some time, paleontologists and evolutionary biologists have known that ②chimp ancestors were the last line of today's apes ③to have been divergent from the branch that ④led to humans, probably six million, or maybe four million years ago.

（上智大）

1 ③ by $21,850 → for[at] $21,850

▶「〜の金額で（売る／売られる）」は（sell / be sold）for[at] 〜 であり，③**の by は不適切**です。なお，固有名詞である著名な画家・作家の名前を普通名詞にし，可算化すると「〜の作品」という意味になるので，④の不定冠詞 a は正しい用法です。

語句 imitation 图「贋作」，genuine 形「本物の」

和訳 1998 年の競売で 19 世紀初頭のルネサンス様式の贋作だとして 21,850 ドルで売られた小さな絵は，今では本物のレオナルド・ダ・ビンチ作品だと考えられている。

2 ② that → 削除，または that were

▶ 20 countries that surveyed「調査した 20 ヵ国」では調査の対象となる目的語がなく，「調査された 20 ヵ国」という意味が適切なので，**that を削除**し，**過去分詞 surveyed が直接 countries を修飾**するか，that の後に **were** を入れ，**主格の関係代名詞の後に受動態が続く形**に直します。 **語句** predominantly 副「主に，大部分は」

和訳 確かにハリウッドはどこででも人気があるわけではない。特に，主にイスラムの国々では，その魅力は限られている。ピュー研究所によって調査された 20 ヵ国のうち，大半がアメリカの映画，音楽，テレビを好きではないと言った 4 ヵ国はパキスタン，トルコ，エジプト，そしてヨルダンだけであった。

3 ② its meaning tended → did its meaning tend

▶ 第 2 文は **Not until ... という否定の前置詞句が文頭**にあるので，述部は**倒置**にするのが適切です。よって②を **did its meaning tend** に直します。

和訳「科学」という語は，かつてはあらゆる学問分野の知識を意味していた。19 世紀になって，その意味が自然界の体系的な研究に限定されるようになった。初期の科学者はふつう「自然哲学者」と呼ばれていた。

4 ④ talk about → talk

▶ 前置詞 about の目的語が存在しないので，**about を削除**します。①は〈almost every + 単数名詞〉で正しい表現です。③は be finished with 〜 で「〜を終える」の意。

和訳 彼女が授業を終えるとすぐにほぼすべての女子が帰宅したので，教師たちは話をする時間が十分にあった。

5 ③ to have been divergent from → to have diverged from

▶ ③ to have been divergent from 〜「〜から分岐していた」では，変化ではなく状態を意味するので，**the last 〜 to do**「最後に…した〜」の表現で用いるのは不適切です。よって，動詞 diverge を用いて **to have diverged from 〜**「最後に分岐した〜，分岐した最後の〜」に直す必要があります。

和訳 少し前から，古生物学者や進化生物学者たちはわかっていたことだが，チンパンジーの先祖は恐らく 600 万年前，もしかしたら 400 万年前に人類に至る枝から最後に分岐した現代の類人猿の系統である。

6 The new lessons are ①due to start ②in September but some schools without kitchens will be given longer to adapt. There is also ③likely to be a shortage of teachers with the right skills, since the trend has been to teach food technology rather than ④to practical cooking.

（上智大）

7 The key ①of training for a marathon is variation. You ②should not be running the same distance ③at the same monotonous pace. Put in a few ④five, ten, or twenty kilometer races to motivate yourself.

（上智大）

8 When you are ①steaming vegetables, ②be sure not to overcook them. It is one of ③the most important thing to ④remember if you want to be a better cook.

（慶應大）

9 It wasn't that she did anything ①other than ②that we predicted ③she'd do, but she just made a minor alteration in her plan ④at the last minute.

（上智大）

10 ①Promoting Japanese women in business is at the top of the agenda for forward-thinking companies in Japan. ②Yet, with diversity teams tasked with creating gender-friendly work environments, ③statistics still show that the number of Japanese women in senior positions ④lag far behind other countries.

（慶應大）

6　④　to → 削除
▶ *A* rather than *B* で「B ではなく A」の意味ですが，ここでは，food technology と practical cooking を対比させているので，④ to が不要です。③の likely は There is likely to be ～ で It is likely that there is ～「たぶん～がある」という意味です。

和訳 新しいレッスンは 9 月に始まる予定だが，キッチンのない一部の学校は適応するための時間をもっと長く与えられるだろう。また，適切な技能を持った教員の不足が起こる可能性もあり，それは実際の料理ではなく食品技術を教えることが傾向になっているからだ。

7　①　of → to
▶「～の鍵」は the key to ～ という形で表現します。よって①を to に直します。日本語の「～の」に引きずられて of にしないように注意しましょう。

語句 monotonous 形「単調な」，motivate 他「～の意欲を起こさせる」

和訳 マラソンの訓練の鍵は変化だ。同じ距離を同じ単調なペースで走っているべきではない。自分の意欲を高めるために 5，10 あるいは 20 キロのレースをいくつか加えなさい。

8　③　the most important thing → the most important things
▶ one of ～「～の 1 つ」に後続する名詞句には**複数形**が必要です。よって，③の thing を things に直します。②は be sure to *do*「必ず～する」で to 不定詞が否定されています。④は to remember が thing を修飾する形容詞用法の不定詞です。

和訳 野菜を蒸している時には，加熱しすぎないようにしましょう。料理が上手になりたければ，それは覚えておくべき最も重要なことの 1 つです。

9　②　that → what
▶ ② that では，other than that「それ以外のこと」で後ろとつながりません。ここでは，she'd do の**動詞 do の目的語が関係代名詞**となっていると考え，that を what にします。なお，③の she'd は she would です。　語句 alteration 名「変更，修正」

和訳 彼女がするだろうと我々が予想していたこと以外のことをしたのではなく，彼女はぎりぎりになって自分の計画に小さな変更を加えただけだった。

10　④　lag far behind → lags far behind
▶ ④の動詞 lag の主語は the number of ～「～の数」なので，**単数一致**が求められ，lags にしなければなりません。なお，③の statistics は「統計学」という意味では単数一致ですが，「統計データ」の意味では複数扱いです。　語句 agenda 名「(検討すべき)課題」，forward-thinking 形「将来を考慮した」，diversity teams 名「多様な構成員から成るチーム」，gender-friendly 形「性差別のない」，lag 自「遅れる」

和訳 職場での日本人女性の地位向上は，将来を考える日本企業にとっては最重要の課題である。しかし，性差別のない労働環境を作る任務を課された多様なメンバーからなる職場チームに関して統計が今なおお示しているのは，高い地位にいる日本人女性の数は諸外国にはるかに遅れているということだ。

11 Art, ①for Morris, ②was part of life — not the domain of the rich elite: "I do not want art for a few any ③fewer than education for a few ④or freedom for a few."

（上智大）

12 The strip ①has spawned several films and television series, which, together with a vast array of merchandise, ②has contributed to a global brand ③worth nearly $1 billion. This month *Garfield's Fun Fest*, the moggy's third feature film outing appears on DVD, ④adding to the ever-expanding phenomenon.

（上智大）

13 Technological advances ①can cause factual data to become outdated within a ②short time; ③yet, students should focus on ④reasoning skills, not facts.

（慶應大）

14 Growing up in a factory town, where he saw ①how workers were subjected to the hardships of life as the working poor, ②left him with a real sense that some things ③were lacked to be ④set right.

（慶應大）

15 A small cavity ①locate in the center of the bone ②makes it ③possible to produce marrow, ④which is responsible for the production of the body's red and white blood cells.

（上智大）

11 ③ fewer → more

▶ **not A any more than B** (= no more A than B) で「**B でないのと同様 A でない**」の意味なので，③ fewer を more に直します。 語句 domain 名「所有地，占有(権)」
和訳 芸術はモーリスにとって人生の一部であった。富裕なエリートに占有されるものではなく。「私は少数の者たちのための教育や少数の者たちのための自由を求めないのと同様に，少数の者たちのための芸術を求めはしない」

12 ② has → have

▶ ② has の主語は挿入句 together ... merchandise の前にある関係代名詞 which で，その先行詞は **films and television series** なので，単数ではなく**複数一致**で have にします。 語句 strip 名「続き漫画」(= comic strip)，spawn 他「～を生み出す」，array 名「多数，多量」，merchandise 名「商品」，moggy 名「(俗語で) 猫」，outing 名「出かけること」，add to ～ 熟「～を増す」，ever-expanding 形「ますます拡大する」
和訳 この続き漫画はいくつかの映画とテレビシリーズを生み，広範囲にわたる商品群と相まって，10 億ドル近い価値のある世界規模のブランドに貢献してきた。今月，この猫の 3 作目のフィーチャー映画への出演である『ガーフィールドのファンフェスティバル』が DVD で登場し，ますます拡大する現象を増大させる。

13 ③ yet → so または thus, hence, therefore

▶ セミコロン(;)の前後の内容から，逆接の ③ yet「しかし」ではなく，順接の「それゆえ」が適切で，so などに直します。 語句 factual 形「事実の」，outdated 形「時代遅れの」
和訳 技術の進歩により，事実に関するデータは短期間で時代遅れになってしまうことがある。だから学生は事実ではなく，論理的な思考技能に集中すべきだ。

14 ③ were lacked → needed

▶ 他動詞の lack は〈**S + lack + O**〉「**S は O を欠いている**」の形で用いられ，**受動態にはなりません**。ここでは〈**S + need to be *done***〉「**S は…される必要がある**」で ③ were lacked を needed に直します。②の left の主語は文頭の Growing up ... town です。 語句 be subjected to ～ 熟「～にさらされる」，working poor 名「ワーキングプア(低所得労働者)」，set ～ right 熟「～を正しくする」
和訳 工場の町で育ったことで，彼はそこで労働者たちが低所得労働者として人生の苦難にさらされている姿を見たのだが，彼はいくつかのことが是正される必要があるという現実的な意識を持つようになった。

15 ① locate → located

▶ locate は「～を位置づける」という意味の他動詞で，「～に位置している」という意味では**受動態**で用いる必要があります。よって，① locate は located にしなければなりません。 語句 cavity 名「空洞」，marrow 名「骨髄」，blood cell 名「血球」
和訳 骨の中心に位置する小さな空洞が骨髄を生み出すのを可能にするが，それは体の赤血球と白血球の生産を担っている。

16～25：次の各文の下線部①～④のうち，誤りを含むものを選べ。ただし，誤りがない場合には，⑤を選べ。

16 It is essential that ①we all ②will listen to ③what our coach ④has to say about the big game. ⑤NO ERROR

（早稲田大）

17 ①A friend of mine ②has won our city's largest ③amateur golf tournament ④for consecutive four years. ⑤NO ERROR

（早稲田大）

18 Bill might not seem to be such a diligent ①piano student, but actually he ②makes a rule to practice at least two hours a day during the week and ③up to four or five hours a day ④on weekends. ⑤NO ERROR

（早稲田大）

19 ①In designing a new government, the father of the Constitution, James Madison, proposed that government ②have three parts, ③or branches: executive, judicial, and ④legislature. ⑤NO ERROR

（早稲田大）

20 There are ①few things that bother me more ②than being ③lied, especially by someone who is always acting ④as though he or she were a true friend of mine. ⑤NO ERROR

（早稲田大）

16 ② will listen to → listen to

▶ it is essential that ... 「…であることが必須だ」では that 節中の動詞は**仮定法現在**となり，動詞は**原形**（もしくは〈should + 原形〉）になります。よって，② will listen to の **will** を削除し，listen to とする必要があります。

和訳 大きな試合についてコーチが言うことを我々皆がよく聞くことが不可欠だ。

17 ④ for consecutive four years → for four consecutive years

▶〈形容詞 + 数詞 + 名詞〉という語順は誤りで，〈数詞 + 形容詞 + 名詞〉が正しく，④の consecutive four years を **four consecutive years** に直します。②の現在完了は「4 年間連続で」との関係で【継続】の意味。 語句 consecutive 形「連続した」

和訳 私の友人は市で最大のアマチュア・ゴルフ・トーナメントに 4 年連続で優勝している。

18 ② makes a rule → makes it a rule

▶ 形式目的語の it を用い，**make it a rule to** *do* で「…するよう心掛けている，…するのが常である」という意味になります。it を用いない場合は，不定詞ではなく動名詞を使って，**make a rule of** *doing* と表現します。

和訳 ビルはそれほど勤勉なピアノの生徒には思えないかもしれないが，彼は実際，平日は少なくとも 1 日 2 時間，そして週末は 1 日 4〜5 時間まで練習するよう心掛けている。

19 ④ legislature → legislative

▶ executive, judicial という 2 つの形容詞と並列されるので，④は名詞 legislature ではなく，形容詞 **legislative**「立法の」にしなければなりません。①は in *doing*「…する際に」の意。②は proposed の目的語になる that 節中なので，仮定法現在で原形。③の or は「あるいは」ではなく「すなわち」という意味です。

語句 the Constitution 名「アメリカ合衆国憲法」，executive 形「行政の」，judicial 形「司法の」，legislature 名「立法機関，議会」

和訳 新政府を構想する際に，憲法の父であるジェイムズ・マディソンは，政府には行政，司法，立法の 3 つの部分すなわち部門があるべきだと提案した。

20 ③ lied → lied to

▶「嘘をつく」の意味の lie は自動詞で，「〜に嘘をつく」は **lie to 〜** の形にする必要があり，その受動態は **be lied to** で，前置詞 to が残ります。よって，③を **lied to** に直します。

和訳 嘘をつかれること以上に私が嫌だと思うことはほとんどないが，特に本当の友人であるかのようにいつも振る舞っている人につかれるのは嫌だ。

21 The liberal tradition has its roots in the Enlightenment, that period in ①eighteenth-century Europe when ②intellectuals and political leaders had a powerful sense that ③reason could be ④employed to make the world a better place. ⑤NO ERROR

（早稲田大）

22 Joseph Grew, ①an old Japan hand who ②had served as U.S. ambassador in Tokyo before the Pacific War, ③convinced that the Japanese were essentially an irrational people and could never ④adapt to democratic government. ⑤NO ERROR

（早稲田大）

23 Students have until May ①at the latest to ②decide whether they wish to ③audit regular classes during the summer or whether they intend to do an internship in a company or organization ④relating to their major. ⑤NO ERROR

（早稲田大）

24 ①There is no denying that ②mathematics is ③of great use ④to many other sciences. ⑤NO ERROR

（早稲田大）

25 ①According to the President, ②part of which makes the United States ③different is that it welcomes criticism, just as it welcomes the responsibilities that ④come with global leadership. ⑤NO ERROR

（早稲田大）

21 ⑤
▶ ① eighteenth-century「18世紀の」，② intellectuals「知識人，有識者」，③ reason「理性」，④ employ「～を利用する」でいずれも誤りはありません。　**語句** liberal 形「自由主義の，進歩的な」，root 名「起源」，the Enlightenment 名「啓蒙運動」

和訳 自由主義の伝統は啓蒙運動に起源があるが，18世紀ヨーロッパのその時代は知識人や政治指導者が，世界をよりよい場所にするために理性を用いることができるという強い意識を持っていた時代だった。

22 ③ convinced → was convinced
▶ convince は「～を確信させる，納得させる」という意味の他動詞で，主語が「確信している，納得している」という意味では**受動態**の形で用います。よって，③ convinced を was convinced に直す必要があります。　**語句** hand 名「専門家，～通」，ambassador 名「大使」，irrational 形「不合理な，非理性的な」

和訳 ジョセフ・グルーは太平洋戦争前に東京で米国大使を務めた古くからの日本通だが，日本人は本質的に不合理な国民で，決して民主的政府には適応できないと確信していた。

23 ④ relating → related
▶「自分の専攻に関係している企業や団体」の意味にする必要があるので，④ relating を related に直します。① at the latest は「遅くとも」。② decide は不定詞の形ですが，until May at the latest という挿入句を挟んで have to decide「決めなければならない」です。　**語句** internship 名「実習生の身分」

和訳 学生は遅くとも5月までには夏に通常授業を聴講したいのか，自分の専攻に関係する企業や団体での実習をしたいのかを決めなければならない。

24 ⑤
▶ ① **There is no** *doing* は It is impossible to *do* と同様に「…することはできない」の意。② mathematics は学問名なので単数扱い。③ (be) of great use ≒ (be) very useful。④は学問の分野としての「科学」の意味で用いられているので，複数形で誤りはありません。

和訳 数学が他の多くの諸科学にとって非常に役に立つことは否定できない。

25 ② part of which → part of what
▶ ②の前にある句に含まれる名詞が the President「大統領」という人を表す名詞だけなので，part of which では which の先行詞がありません。ここでは，前置詞 of の目的語になると同時に，後ろの動詞 makes の主語にもなることのできる関係代名詞 what が必要です。

和訳 大統領によれば，アメリカを異なるものにしているのは，アメリカが世界の指導者であることに伴う責任を歓迎するのとまったく同様に，批判を歓迎するということだ。

〔1〕次の各組の英文で誤りのあるものを選べ。

1 ① Critics of the government say it has been too slow.
② Certain authors criticize that the government has been too slow.
③ Criticism has come from certain authors that the government has been too slow.
④ Certain authors criticize the government for being too slow.
⑤ The government has been criticized by certain authors for being too slow.

2 ① Popular activities in Switzerland include climbing and skiing.
② Among the most popular activities in Switzerland are climbing and skiing.
③ Climbing and skiing are one of the most popular activities in Switzerland.
④ Climbing and skiing continue to be popular activities in Switzerland.
⑤ In Switzerland you can enjoy popular activities such as climbing and skiing.

3 ① He rejected the accusation.
② He refused the accusation.
③ He reviewed the accusation.
④ He responded to the accusation.
⑤ He remembered the accusation.

4 ① She said he couldn't get back quickly.
② She said the people there were friendly.
③ She said her brother was too fussy.
④ She said the situation wasn't safely.
⑤ She said the room was nice and sunny.

5 ① He objected to paying so much tax.
② He proposed to marrying her next year.
③ He admitted to killing his wife.
④ He returned to staring out of the window.
⑤ He contributed to solving the mystery.

　　　　　　　　　　　　　　　　　　　　　　（慶應大）

1 ②

▶ criticize は④のように **criticize A for B**「**B のことで A を批判する**」という語法はありますが，**that 節を目的語にすることはできません**。よって，②が誤りです。①は主語が Critics「評論家」，動詞 say が目的語となる名詞節を後続。③の that 節は主語の Criticism の内容を説明。⑤は criticize A for B の受動態。

[和訳] ① 政府の評論家は，政府が遅すぎると言っている。③ ある作家たちから政府が遅すぎるという批判が出ている。④ ある作家たちは遅すぎることで政府を批判している。⑤ 政府は遅すぎることである作家たちに批判されている。

2 ③

▶ ③は主語が Climbing and skiing と複数なので，補語に「～のうちの 1 つ」である **one of ～** が来るのが誤りです。②は Among ... in Switzerland までが are の補語で，climbing and skiing が主語である〈**C + V + S**〉の構造です。

[和訳] ① スイスで人気のある活動には登山とスキーが含まれる。② スイスで最も人気のある活動に含まれるのは登山とスキーだ。④ 登山とスキーはスイスで人気のある活動であり続けている。⑤ スイスでは登山やスキーのような人気のある活動を楽しめる。

3 ②

▶ ②の **refuse** は「**(依頼など)を断る**」という意味なので，accusation「非難，告発」を目的語にはできません。①の reject は「(提案など)の受け入れを拒む」なので，accusation を目的語にすることができます。

[和訳] ① 彼は非難を拒絶した。③ 彼は非難を再検討した。④ 彼は非難に応答した。⑤ 彼は非難を思い出した。

4 ④

▶ いずれも said の目的語になる節の構造を確認しますが，④ **safely「安全に」は副詞**なので be 動詞 wasn't の補語にはなれず，形容詞 safe でなければいけません。なお，②の friendly は語末が -ly になっていますが，副詞ではなく形容詞です。

[和訳] ① 彼はすぐには戻れないと彼女は言った。② そこの人々は皆親切だと彼女は言った。③ 弟は細かいことにこだわり過ぎだと彼女は言った。⑤ その部屋はすてきで日当たりもよいと彼女は言った。

5 ②

▶ **propose to do** で「…しようと提案する」なので，②の to marrying を不定詞の **to marry** にしなければ誤りです。①は object to doing「…することに反対する」，③は admit (to) doing「…したことを認める」，④は〈return to + 名詞[動名詞]〉で「～(の話題・状態・活動)に戻る」，⑤は contribute to doing で「…するのに貢献する」。

[和訳] ① 彼はそれほど多くの税金を払うことに反対した。③ 彼は妻を殺したことを認めた。④ 彼は窓の外を眺めることに戻った。⑤ 彼は謎の解明に貢献した。

〔2〕次の各文の英単語を並べ替えて英文を完成させる場合，不足する1語を書きなさい。ただし，語頭の1文字は示されている。

1 映画に熱中していて，彼女は鞄を盗まれた。
a, bag, fully, had, her, immersed, in, she, she, was, when, movie

(s＿＿＿＿＿＿＿＿)

2 どのような状況であれ，私は彼のしたことを認めない。
approve, did, he, I, no, under, what, will

(c＿＿＿＿＿＿＿＿)

3 禁煙しなければ，人生で成功することはできないだろう。
in, life, never, smoking, succeed, will, without, you

(q＿＿＿＿＿＿＿＿)

4 二つ目の事故が起きても，それでより悲しいわけではないのだった。
accident, be, for, found, I, myself, none, second, the, the, to

(s＿＿＿＿＿＿＿＿)

5 連絡を取り合う友だちがたくさんいて，いいね。
friends, good, have, in, is, it, keep, many, so, that, to, touch, you

(w＿＿＿＿＿＿＿＿)

(一橋大)

1　stolen〔She had her bag <u>stolen</u> when she was fully immersed in a movie.〕
▶「～を盗まれる」なので〈**have＋O＋stolen**〉を用います。まず，She had her bag stolen とし，その後に「映画に熱中していて」を接続詞 when に導かれる副詞節として作ります。**be immersed in ～** で「～に没頭している」の意味になるので，she was immersed in a movie としますが，副詞 fully は immersed を修飾するので，was と immersed の間に配置して完成します。

2　circumstances〔Under no <u>circumstances</u> will I approve what he did.〕
▶「どのような状況でも～でない」は **under no circumstances** という表現で表せます。否定語を含む副詞句が文頭に置かれるので，その後は**倒置**になり，I will approve ではなく，will I approve とします。その後に approve の目的語として what he did「彼がしたこと」を続けて完成です。

3　quitting〔You will never succeed in life without <u>quitting</u> smoking.〕
▶ まず主語の You と助動詞 will を置き，その後に動詞 succeed が否定される形で never succeed を続けます。「人生で成功する」から succeed in life となり，**never ～ without do**ing「…することなしに～しない，～すれば必ず…する」の**二重否定**の表現を用いますが，前置詞 without の目的語になる動名詞 quitting「～をやめる」を用いて，最後に smoking を続けて完成です。

4　sadder〔I found myself to be none the <u>sadder</u> for the second accident.〕
▶〈**find＋O＋to be＋C**〉で「O を C であると思う」を用います。〈主語＋動詞〉I found の後に目的語として myself を入れ，その後に to be を続け，be の補語には形容詞 sad の比較級で「より悲しい」の意味の sadder が入ります。この比較級を〈none the＋比較級＋for ～〉「～だからといって，より…ではない」の表現に組み入れ，最後に for の目的語に the second accident を入れて完成します。

5　with〔It is good that you have so many friends to keep in touch <u>with</u>.〕
▶ まず，形式主語の it を用い，It is good that ... で「…であるのはよい」を作り，その後に「友だちがたくさんいる」から you have so many friends を続けます。次に，**keep in touch with ～**「～と連絡を取る」を利用し，friends を修飾する形容詞用法の不定詞として，to keep in touch with を続けて完成させます。

〔3〕 次の各英文には，文法上取り除かなければならない語が1語ずつある。該当する語とその直後の1語，合わせて2語をその順に記せ。文の最後の語を取り除かなければならない場合は，該当する語と×（バツ）を記せ。

1 Among the many consequences of those political developments was for one that in the end turned out to be too complicated for the government to handle.

2 Science sometimes simplifies things by producing theories that reduce to the same law phenomena previously considered were unrelated — thus clarifying our understanding of the apparent complexity of the universe.

3 The sacrifices that the two countries have been told they must make are to restore stability to the world economy are almost if not completely the opposite of each other.

4 Discovering a new phenomenon is necessarily a complex event, one of which involves recognizing both that something is and what it is.

（東京大）

1 for , one

▶ 文が前置詞 Among から始まり，developments までの前置詞句が文の補語として機能し，was の後には主語となる代名詞の one が来る〈**C＋V＋S**〉**の文構造**が求められるので，one の前の前置詞 **for** が不要です。

[和訳] そうした政治の展開の多くの結果には，結局最後には政府が扱うには複雑すぎることになる結果が含まれていた。

2 were , unrelated

▶ previously considered were unrelated では前の phenomena を修飾できないので，**were を削除**し，過去分詞句による後置修飾とする必要があります。reduce to the same law phenomena の部分は **reduce _A_ to _B_**「**A を B に還元する**」の _A_ (phenomena) に previously ... unrelated の修飾があり，長くなっているため，**reduce to _B_ _A_** という語順に変更されているだけなので，誤りではありません。[語句] simplify 他「～を単純化する」, clarify 他「～を明確にする」, apparent 形「見かけの」

[和訳] 科学は時々，以前は無関係と考えられていた現象を同じ法則に還元する理論を生み出すことによって物事を単純化し，そのようにして宇宙の見かけの複雑さに対する我々の理解を明確にする。

3 are , to

▶ 文全体の主語は The sacrifices，主動詞は almost の前の are，そして the opposite が補語になります。that 以下は主語 The sacrifices を修飾する関係詞節ですが，関係詞節内は the two countries have been told (that) they must make (O) の make の目的語が関係代名詞 that になっているという構造で，さらに副詞用法の不定詞句 to restore stability to the world economy が後続している形になります。よって，to restore の前の **are** が不要と判断できます。なお，if not completely は挿入句で，**if not ～**「～ではないにせよ」の意味です。[語句] make a sacrifice 熟「犠牲を払う」, restore 他「～を回復する」, stability 名「安定(性)」

[和訳] その2カ国が世界経済に安定を回復するために払わなければならないと言われている犠牲は，完全にではないにせよ，ほとんど互いに対立するものである。

4 of , which

▶ one of which では「そのうちの1つ」という意味になりますが，先行詞が a complex event で複数形になっていないので，明らかに不自然です。ここでは，**a complex event を受ける代名詞 one を先行詞とする関係詞節**を後続させる必要があるので，前置詞の **of** が不要になります。one (＝ a complex event) which ...「…であるもの (＝複雑な出来事)」という意味です。

[和訳] 新しい現象を発見することは必然的に複雑な出来事であるが，それは何かが存在することとそれが何であるかということの両方の認識を伴う。

〔4〕 次の各英文のうち，下線部に間違いを含む英文が 5 つある。間違いを含む英文の番号と間違っている下線部の記号を書きなさい

(1) ①By the age of five, the child ②had a vocabulary of ③more than 2,000 words.

(2) Both horse and rider ①were ②dripping with sweat ③within five minutes.

(3) It appears reasonable ①to assume that, ②other things being equal, most students ③would like single to shared rooms.

(4) The majority of ①contracts give the publisher ②the right to edit a book after it ③was done.

(5) He hesitated ①before left, almost ②as though he ③had been hoping for conversation.

(6) The thought ①made anger ②rise in him and he ③went into a bar and had a double whisky.

(7) ①No less than 35 percent of the country ②are protected ③in the form of parks and nature sanctuaries.

(8) After her death, ①her paper — including ②unpublished articles and correspondences — were deposited ③at the library.

(9) There is a place in London that ①supplies ②practically everything for ③left-handed people.

(10) I ①found life ②more charming and more astonishing ③than I'd ever dreamed.

（一橋大）

(3) ③　**would like → would prefer**

▶ 下線部③直後の single to shared rooms の to から，**prefer _A_ to _B_**「B より A を好む」とすべきです。　語句 other things being equal 熟「他の条件が同じなら」

和訳 他の条件が同じならば，ほとんどの学生は部屋をシェアするより 1 人部屋を好むと想定するのが妥当に思える。

(4) ③　**was → is**

▶ 主節が現在時制 give なので，③ was も現在時制であるべきなので，is に直します。

和訳 契約の大半は出版社に，本が書き終わった後で編集する権利を与えている。

(5) ①　**before left → before leaving**

▶ **前置詞 before の後に過去分詞は不適切**です。動名詞を用い，before leaving とすべきです。

和訳 彼はまるで会話を望んでいたかのように，立ち去る前に躊躇した。

(7) ②　**are protected → is protected**

▶〈数詞＋ percent of ＋名詞〉が主語の場合，動詞は名詞の数に一致させます。ここでは **the country との一致**なので，② are は単数の is とすべきです。

語句 sanctuary 名「保護区」

和訳 その国の 35 パーセントもが公園や自然保護区の形で保護されている。

(8) ①　**her paper → her papers**

▶ 文の主動詞が were deposited で**複数に一致**しているので，① her paper は複数形の her papers にしなければいけません。

語句 unpublished 形「未刊の」，correspondence 名「書簡」

和訳 彼女の死後，未刊の記事や書簡を含め，彼女が書いたものは図書館に預けられた。

(1)　▶ By 〜「〜までに」。

和訳 5 歳までに，その子供は 2,000 語以上の語彙を持っていた。

(2)　▶ be dripping with 〜「〜を滴らせている」。

和訳 5 分もしないうちに馬も騎手も両方とも汗が滴り落ちていた。

(6)　▶ The thought made anger rise「その考えが怒りを高まらせた」は〈S ＋ make ＋ O ＋ _do_〉「S が O に…させる」で無生物主語構文。

和訳 そう考えると彼の中で怒りが高まり，彼はバーに入るとウィスキーのダブルを飲んだ。

(9)　▶ that の先行詞は a place。supply _A_ for _B_ で「A を B に供給する」。left-handed は「左利きの」の意の形容詞。

和訳 ロンドンには左利きの人のためのほとんどすべてのものを提供してくれる場所がある。

(10)　▶ than I'd ever dreamed の I'd は I had。

和訳 私は人生がそれまで夢見てきたよりもずっと魅力的で驚きに満ちていると思った。

〔5〕次の各組の英文 (a) 〜 (c) には文法的に間違った文が含まれています（句読点の間違いは含まれない）。以下の答え方に従って該当する数字を選びなさい。

(a)のみが誤っている場合 ⇒ ①

(b)のみが誤っている場合 ⇒ ②

(c)のみが誤っている場合 ⇒ ③

(a)と(b)が誤っている場合 ⇒ ④

(a)と(c)が誤っている場合 ⇒ ⑤

(b)と(c)が誤っている場合 ⇒ ⑥

1 (a) It is a relief to hear you say that.　I thought you were still upset.

(b) That TV looks as if it could have bought twenty years ago.

(c) That guy should be thrown out of the restaurant for behaving like that.

2 (a) We just found it that Josh brought cakes as many as you.

(b) Not being able to use the computer, he didn't know how to send an e-mail.

(c) When he has finished collecting data, Ryo will be coming back to Japan.

3 (a) It shouldn't be impossible to design houses powered exclusively by the sun and wind.

(b) If that all it takes to drive a car around here, then why not let the children do it?

(c) Almost customers would want to know how much it costs to use the delivery service.

4 (a) "Ellen won't come with us." "Why don't you try asking her nicely?"

(b) Turn right at the next and you will get there in 30 minutes.

(c) We were not aware that Thomas Edison had much interests in solar energy.

5 (a) Are you convenient to come to the student meeting tomorrow morning?

(b) The climate of the South Pacific is much milder than that of Europe.

(c) This might not be what you are looking for, but it might be the thing what you need.

(慶應大)

1 ②

▶ (a) it is a relief to *do*「…して安心だ」。(b) 他動詞 buy の過去形 **bought の目的語がないので誤りです**。it could have been bought という受動態にすべきです。(c) should be thrown out of ~「~から放り出されるべきだ」。(b) だけに誤りがあるので，正解は②。

和訳 (a) あなたがそう言うのを聞いて安心です。まだ動揺していると思っていました。(b) あのテレビはまるで 20 年前に買われたかのように見える。(c) あんなふうに振る舞うなんて，あの男はレストランから放り出されるべきだ。

2 ①

▶ (a) find that ... で「…だとわかる」なので，**it は不要です**。また，cakes as many as you ではなく，**as many cakes as you** にしなければなりません。(b) Not being able to use ~ は分詞構文で「~を使えなかったので」という【理由】を表しています。e-mail は「個々のメッセージとしてのメール」の意味では可算名詞としても用いられるので，不定冠詞 an は正しい用法です。(c) When が導く時の副詞節中では，未来の完了の意味でも現在完了形が用いられるので，has finished は正しい表現です。よって，(a) だけが誤りを含み，正解は①になります。

和訳 (a) 私たちはちょうど今ジョシュが君と同じだけのケーキを持ってきたとわかった。(b) コンピューターが使えなかったので，彼はメールの送り方がわからなかった。(c) データを集めるのが終わったら，リョウは日本に戻ってくることになっている。

3 ⑥

▶ (a) It shouldn't be impossible「不可能ではないはずだ」で should は推量の意味です。powered by ~「~を動力源とする」。(b) 代名詞 that と all が連続しており，**if 節中で動詞が不足**しています。that の後に is を加え，**If that is all it takes to *do***「それが…するのに必要なすべてならば，…するのにそれだけでよいならば」に直します。(c) Almost は名詞を直接後続させられないので，**Most customers** または **Almost all the customers** とする必要があります。(b) と (c) に誤りがあるので，正解は⑥になります。

和訳 (a) 太陽と風だけを動力源とする家を設計することは不可能ではないはずだ。(b) この辺りで車を運転するのに必要なことがそれだけなら，子供たちにそうさせたらどうですか。(c) ほとんどの顧客は配送サービスを使うのにいくらかかるのかを知りたがるだろう。

4 ③

▶ (a) Why don't you *do*?「…したらどうですか」。nicely は副詞で「うまく」。(b) at the next は at the next corner[intersection]という意味。and は〈命令文＋and ...〉

で「〜しなさい，そうすれば…」。in は「(時間が)〜経ったら」。(c) be aware that ... 「…に気づいている」。**interest**「興味，関心」は**不可算名詞**なので，単数形の interest にしなければなりません。よって，(c)のみが誤りを含み，③が正解です。

> [和訳] (a)「エレンは私たちと一緒に来ないだろう」「うまく頼んでみたらどう？」(b) 次の交差
> 点を右に曲がれば，そこには 30 分で着きます。(c) 我々はトマス・エジソンが太陽エネ
> ルギーに大いに関心を持っていたことを知らなかった。

5 　⑤

▶ (a) 形容詞 convenient は人を主語にしません。よって **Is it convenient for you to *do*** に直す必要があります。(b) 海洋の名前には定冠詞を付けるので，the South Pacific「南太平洋」は正しい表現です。that は the climate の繰り返しを避ける代名詞。(c) 1 つ目の what は be 動詞の補語になるので誤りではありませんが，2 つ目の what は前に**先行詞となる the thing があるので誤り**です。**be the thing (that) you need** または **be what you need** にしなければいけません。よって，(a) と (c) が誤りを含むので，正解は⑤になります。

> [和訳] (a) 明日の午前中の学生の会議に来るのにご都合はよいですか。(b) 南太平洋の気候はヨ
> ーロッパの気候よりはるかに温暖だ。(c) これは君が探しているものではないかもしれな
> いが，君が必要とするものかもしれない。

第3部

長文融合型の
文法応用問題

文法力の応用問題にチャレンジ！

〔1〕 下記はある米国人の女優が16歳当時の自分に宛てて書いた手紙である。文中の空欄(1)〜(10)に入れるのに最適な語または句を，選択肢の中からそれぞれ1つずつ選びなさい。

I know that no one has (1) you know that it's all right to say "no." I know that (2) your considerable attributes (you tell good stories; you are brave and fair; you do not lie; you are attractive — a bit awkward, but attractive) you think you have to do (3) others
5 want you to do so they will like you. You don't know it, but I've been watching for (4) a while now and I don't like seeing you give yourself away.

You remind me of a colander. Do you know what a colander is? It's a bowl full of holes that people use to drain food. (5) holding
10 yourself all together, as people who believe they have value do, you let yourself drain away.

The opposite of this draining is what's called agency. Agency means you listen to your body and to your heart. If you don't feel safe, your muscles get tight and your breathing becomes shallow. Then you should
15 walk away instead of ignoring those signals and going along so people will like you and won't know how scared you are.

I believe that one day in the future, if you (6) to value your intrinsic self, you will look back and remember the girl you are today and feel great compassion for her. You will feel angry with the people
20 who only made you (7) loveable when you did as they wanted. Then you will forgive them (8) you will understand that they did the (9) they could. And once you have forgiven them, everything will come together for you.

In the meantime, practice standing on your two feet and saying "no"
25 when you (10) like it.

(1)　① been making ② been realizing ③ demands 　④ let

(2)　① but for 　② despite 　③ except 　④ without

(3)　① if 　② once 　③ since 　④ what

(4)　① even 　② long 　③ quite 　④ such

(5)　① Instead of ② Other than ③ Regardless ④ Tired of

(6)　① learn 　② require 　③ understand ④ will fail

(7)　① feel 　② look 　③ pretend 　④ really

(8)　① account ② because ③ because of ④ by account

(9)　① all 　② best 　③ better than ④ least

(10)　① are to 　② feel 　③ sound 　④ want to

（慶應大）

(1) ④

▶ 空所後に原形の know があるため，〈make＋O＋do〉または〈let＋O＋do〉が可能ですが，① been making では進行形の意味が不自然なので，④ let が正解で，has let you know「あなたにわからせた」となります。

(2) ②

▶ 文脈から，意味的に ② despite「〜にもかかわらず」が適切です。despite your considerable attributes で「あなたには注目すべき特性があるにもかかわらず」となります。① but for，④ without では，どちらも「〜がなければ」で文脈に合いません。

(3) ④

▶ 空所前の do の目的語になると同時に，空所後の do の目的語にもなる必要があるので，④ what が正解です。do what others want you to do で「他の人があなたにしてほしいと思うことをする」という意味になります。

(4) ③

▶ ③ quite を入れ，**for quite a while**「かなり長い間」の意味にします。④ such は後に that 節などもないので，ここでは不適切です。

(5) ①

▶ 空所直後の holding yourself all together「自分を見失わないこと」と，文末の you let yourself drain away「自分自身を流れ出させてしまう」との意味的な対比から，① Instead of doing「…する代わりに」が適切。

(6) ①

▶ ① learn を入れ，**learn to do**「…できるようになる」が正解。② require，③ understand はどちらも目的語としては to 不定詞を後続できません。④ will fail は条件の if 節中での will が不適切です。

(7) ①

▶ 〈make＋O＋do〉「O に…させる」なので，原形動詞が入り，空所後の補語となる形容詞 loveable から，① feel か ② look のどちらかになりますが，文脈から「外見の様子」ではなく，「内面の感情」のことを述べていると判断できるので，① feel が正解です。

(8) ②

▶ 空所前後で節が成立しているので，**接続詞が必要となり**，② because が正解です。③ because of は前置詞として機能します。

(9) ②

▶ 空所直前に the がある点に注目します。**did the best they could**「彼らができる最大限のことをした」が意味的に適切なので，② best が正解です。① all や ③ better than が the に後続するのは不適切です。④ least は名詞として the の後に置けますが，they did the least they could では「彼らはできる最低限のことをした」という意味になり，ここでは文脈上不適切です。

(10) ②

▶ **feel like it** で「そうしたい気がする」という意味になるので，② feel が正解です。① are to や ④ want to では，like it が「それを好きである」の意味にしかならないので，どちらも不適切です。③ sound も sound like it で「そのように思える[聞こえる]」の意味で不自然です。

語句 considerable 形「かなりの」，attribute 名「特性，性質」，awkward 形「ぎこちない」，give 〜 away 熟「〜をだます」，colander 名「水切りボウル」，drain 他「〜の水気を切る」，hold *oneself* together 熟「自分を見失わない」，drain away 熟「流れてなくなる」，agency 名「行為主体性，行為者性」，breathing 名「呼吸」，shallow 形「浅い」，walk away 熟「関わらないようにする」，go along 熟「従う」，scared 形「怖がった」，intrinsic 形「本来備わっている」，compassion 名「同情」，loveable 形「愛らしい」，come together 熟「よい方向に進む」，in the meantime 熟「そのうちに」

構文ポイント

ℓ.5　so they will like you は so that they will like you で「彼らがあなたを好きになるように」

ℓ.9　full of holes は a bowl を修飾。関係詞 that の先行詞は holes ではなく，a bowl。

ℓ.10　as people who believe they have value do は as ₛpeople[who believe (that) they have value] ᵥdo で「自分が価値を持っていると思う人たちがするように」の意。

ℓ.15　so people will like you も so that ...「…するように」の that 省略。

ℓ.17　believe that の that節中の主語は ℓ.18 you will look back ... の you。

ℓ.18　the girl you are today「今日のあなたである少女」で are の補語が関係代名詞になり，you の前で省略されている。

l.20 as they wanted「彼らが望んだように」。

l.24 saying はその前の standing とともに他動詞 practice の目的語。

全文訳 きっと誰もあなたに「ノー」と言ってもいいと教えてくれなかったんでしょうね。あなたが持っているたくさんの長所(あなたは話がうまい；あなたは勇敢で公正；あなたは嘘をつかない；あなたは魅力的 ── ちょっとぎこちないけど，魅力的)にもかかわらず，あなたは，他の人たちがあなたを気に入るように，彼らがあなたにしてほしいことをしなければならないと思っているのよね。あなたにはわからないけれど，私はかなり長い間あなたを見てきているので，あなたが自分自身をだますのを見たくないのよ。

あなたを見ているとザルを思い出すわね。ザルって何か知ってる？ 食べ物の水気を切るために使う穴だらけのボウルのこと。自分が価値あると思っている人たちがするように，しっかりと自分を見失わないのではなく，あなたは自分自身を流失させてしまうのよ。

この流出させてしまうことの逆が，行為主体性というものよ。行為主体性とは，あなたが自分の体に，そして自分の心に耳を傾けることを意味するの。安全でないと思うと筋肉がこわばり，息が浅くなる。そうしたら，人々があなたを好きになるようにとか，自分がどんなに怖がっているかがわからないようにと，そうした合図を無視して人に合わせて行くのではなく，関わらないようにすべきなのよ。

将来のある日，もしもあなたが本来の自分自身を評価できるようになったら，振り返って，今のあなたである1人の少女を思い出して，彼女に深い同情を感じるでしょう。あなたが言う通りにした時にしか自分のことを愛らしく感じられないようにした人たちに，怒りを感じるでしょう。それから，彼らは自分たちのできる限りの最善を尽くしたのだとあなたは理解するから，彼らを許すでしょう。そして，いったん彼らを許してしまったら，すべてがうまくいくようになるわ。

その間，自分の両足でしっかりと立ち，そして，自分がそうしたいと感じた時には「ノー」と言う練習をするのよ。

Most people now understand that all languages have developed to express the needs of their users, and that in a sense all languages are equal. But this principle of the study of language has often been denied, and still needs to be (1). Part of the problem is that the word 'equal' needs to be used very carefully. We do not know how to measure the 'quantity' of language, so as to be able to say whether all languages have the same 'amounts' of grammar. There may indeed be important differences in the structural complexity of language, and this (2) needs to be investigated. But all languages are considered equal in the sense that there is nothing fundamentally limiting about any of them. All languages meet the social and psychological needs of their speakers, are (3) worthy of scientific study, and can provide us with valuable information about human nature and society.

There are, (4), several misunderstandings about languages which stem from a failure to recognize this view. The most important of these is the idea that there are such things as 'primitive' languages — languages with a simple grammar, a few sounds, and only a few hundred words, whose speakers have to make up for their language's shortages through gestures. Speakers of 'primitive' languages have often been thought to exist, and there has been a great deal of speculation about (5) they might live, and what their problems might be. If they relied on gestures, how would they be able to communicate at night? (6) abstract terms, how could they possibly develop moral or religious beliefs? In the 19th century, such questions were common, and it was widely thought that it was only a matter of time before explorers would discover a genuinely primitive language.

The fact of the matter is that every culture which has been investigated, no matter how 'primitive' it may be in cultural terms, (7) out to have a fully developed language, with a complexity comparable to those of the so-called 'civilized' nations. In the science of people and culture, the human race can be said to have evolved from primitive to civilized states. However, in the study of language, there is no sign of language having gone through the same kind of

(8). There are no 'bronze age' or 'stone age' languages. All
languages have a complex grammar: there may be relative simplicity
in one respect, such as no word-endings, but there seems always to be
relative complexity in (9), such as word-position.

Simplicity and regularity are usually thought to be desirable
features of language; but no natural language is simple or wholly
(10). All languages have complicated grammatical rules, and all
have exceptions to those rules.

(1) ① defended   ② extended   ③ intended   ④ pretended
(2) ① community   ② possibility ③ responsibility ④ security
(3) ① equally   ② hardly   ③ personally   ④ suddenly
(4) ① by the way ② for example ③ however   ④ therefore
(5) ① that   ② whenever   ③ where   ④ which
(6) ① For   ② With   ③ On   ④ Without
(7) ① carries   ② goes   ③ makes   ④ turns
(8) ① education   ② election   ③ evolution   ④ examination
(9) ① all   ② another   ③ any   ④ some
(10) ① regular   ② relative   ③ reliable   ④ respectable

（関西学院大）

(1) ①

▶ this principle of the study of language は前文の内容を指し，今では「常識」となっていることが has often been denied「しばしば否定されてきた」のだから，「今でも**擁護の必要がある**」が意味的に適切で，still needs to be defended とします。よって，① defended が正解です。

(2) ②

▶ 文の前半で助動詞 **may** が用いられている点に注目します。「〜かもしれない」という意味から，② possibility「**可能性**」が適切。

(3) ①

▶ 前文の all languages are considered equal「すべての言語は同等と考えられる」から，意味的に「**同様に科学的研究の価値がある**」が適切なので，① equally が正解。

(4) ③

▶ 前段落の「すべての言語が同等である」という主張に対して，There are ... several misunderstandings「いくつかの誤解がある」なので，【逆接】が適切であり，③ however が正解。

(5) ③

▶ 空所後の動詞が**自動詞の live** なので，疑問副詞の ③ where が正解。① that や ④ which は先行詞がないので，ここでは関係代名詞を入れることはできません。

(6) ④

▶ 後続する主節で**助動詞の過去形 could** が用いられている点に注意します。前文と同様に**仮定法過去**と考えられるので，「〜がなければ」という条件を表す ④ Without が正解。

(7) ④

▶ **turn out to** *do* で「(結局)…することがわかる」の意なので，④ turns が正解。この turns out の主語は that 節中の主語 every culture。

(8) ③

▶ 前文の to have **evolved** from primitive to civilized states「未開から文明を持つ状態に進化した」との意味的なつながりから，evolve の派生名詞である ③ evolution が適切。

(9) ②

▶ 前の節の in **one** respect「ある点で」に対応して，in **another** (respect)「別の点で」が意味的に適切なので，② **another** が正解。

(10) ①

▶ 文頭の Simplicity and **regularity** との意味的なつながりから，① **regular** が正解。Simplicity and regularity の名詞句に simple or regular の形容詞句が対応しています。

語句 in a sense 熟「ある意味では」，quantity 名「量」，meet 他「（欲求など）を満たす」，stem from 〜 熟「〜に起因する」，primitive 形「原始の，未開の」，make up for 〜 熟「〜を補う」，speculation 名「推論，憶測」，rely on 〜 熟「〜に頼る」，abstract 形「抽象的な」，term 名「用語，言葉」，explorer 名「探検家」，genuinely 副「純粋に」，comparable 形「同等な」，so-called 形「いわゆる」，civilized 形「文明化した」，evolve 自「進化する」，sign 名「証拠」，bronze age 名「青銅器時代」，stone age 名「石器時代」，simplicity 名「単純さ」，word-ending 名「語尾（の活用変化）」

構文ポイント

l.2 and that の that は *l.1* の understand の目的語となる節を導く。

l.9 are considered equal は〈consider＋O＋C〉の受動態。

l.10 in the sense that ...「…という意味で」。fundamentally limiting は前の nothing を修飾。

l.11 them は languages を指す。

l.15 a failure to *do*「…できないこと」。

l.18 関係代名詞 whose の先行詞は *l.17* の languages。

l.25 it was widely thought that ...「…と広く考えられていた」。

l.25 it was only a matter of time before ...「…するのは時間の問題だった」。

l.27 The fact of the matter is that ...「事実は…である」。that 節中の主語 every culture に対する述語動詞は，空所（ 7 ）に入る turns。

l.28 no matter how ... cultural terms は挿入節。

l.29 with a complexity comparable は【付帯状況】の表現。

l.31 be said to have evolved「進化したと言われている」

l.33 there is no sign of language having gone through 〜「言語が〜を経験したという証拠はない」で，language は完了形の動名詞 having gone through 〜 の意味上の主語。

全文訳 今や大半の人々が理解していることだが，すべての言語はその使用者が必要とすることを表現できるように発達してきたし，また，ある意味，すべての言語は平等なのである。しかし，言語研究に関するこの原則はしばしば否定されてきたため，今でも擁護される必要がある。この問題の一部は，「平等」という語が非常に慎重に用いられる必要があるということだ。私たちは，すべての言語が同じ「量」の文法を持つかどうかを言えるほどに，言語の「量」を測る術を知らないのである。実際，言語の構造上の複雑さには重要な相違があるかもしれないし，この可能性はしっかりと研究される必要がある。しかし，どの言語でも基本的に制限的なものはないという意味で，すべての言語は平等だとみなされている。すべての言語は，その話者の社会的及び心理的必要を満たし，同等に科学的研究の価値があり，そして人間の本質と社会について貴重な情報を私たちに提供しうるのだ。

　しかしながら，この見解を認めることができないがゆえに生じる，言語についてのいくつかの誤解がある。それらのうち最も重要なものは，「未開」言語というようなものが存在するという考えであり，それは単純な文法と少数の音，そしてわずか数百の語を用いる言語で，その話者は言葉の不足を身振り手振りによって補わなければならないというものである。しばしば，「未開」言語の話者が存在すると考えられてきて，彼らがどこに住んでいるのか，そして彼らの問題は何なのかという推測がずいぶんとなされてきた。もし彼らがジェスチャーに頼っているのであれば，夜はどうやって意思疎通ができるのであろうか？　抽象的な語句がないのであれば，一体どうやって道徳観や宗教観を発達させられるのか？　19世紀にはそのような疑問が一般的であり，探検家たちがまぎれもなく未開な言語を見つけるのは時間の問題だと広く考えられていた。

　実際は，調査されたどの文化も，それが文化の点から見てどれほど「未開」であろうとも，結局は，いわゆる「文明」国家の言語に匹敵する複雑さを備えた，十分に発達した言語を持っていることがわかる。人間と文化についての科学においては，人類は未開状態から文明化された状態へと進化してきたと言える。しかし，言語研究においては，言語が同じ種類の進化を経験してきたという証拠はない。「青銅器時代」や「石器時代」の言語はないのだ。すべての言語は複雑な文法を持っており，語尾変化がないなど，ある点での相対的な単純さがあるかもしれないが，語順など別の点で常に相対的な複雑さがあるように思われる。

　単純さと規則性はふつう言語の望ましい特徴だと考えられるが，自然言語には，単純なものや完全に規則的なものはない。言語はすべて複雑な文法規則を持ち，すべてがそうした規則に対する例外を持つのである。

　　In February 2013, a large asteroid ripped through the atmosphere over the Chelyabinsk area of Russia, trailing long lines of smoke as it made its shallow entry, radiating so much light and heat that onlookers (　A　) reddened faces and peeling skin. When the meteor exploded, 15 miles up, there was a terrible prolonged bang — a noise that (　B　), in a sense, ever since. We now know that the explosion over Chelyabinsk (　C　) with a force equal to 500 kilotons of TNT*, or (　ア　) Nagasaki bombs. Had the meteor come down a little steeper (　イ　), directing the might of its detonation* at, rather than over, Chelyabinsk, it (　D　) thousands on the ground. Although nobody died at Chelyabinsk, it was an event of such calamitous* potential that the asteroid (　E　) by certain astronomers as a "city-killer." Many are now wondering if we're not being a little complacent*.

　　In November 2013, a trio of studies (　F　) in the journals *Nature* and *Science* suggested that impacts of Chelyabinsk's magnitude were (　ウ　) more likely to happen than previously supposed. In December, the UN called for the creation of an international asteroid warning network. In the New Year, it took only hours for the first major rock of 2014 to arrive: a car-sized lump that burst (　エ　) over the Atlantic on January 1.

　　To recap: asteroids are hunks* of space rock that whisk* around the solar system in orbits around the Sun, colliding with anything that crosses their path. If they enter the Earth's atmosphere, we call them meteors: anything that hits the ground is called a meteorite. Most asteroids are small and burn up in our atmosphere; some are (　オ　) to matter, such as the Chelyabinsk rock, which was (　カ　) a swimming pool: 20 meters from end to end. For some time, NASA (　G　) giant asteroids (those at least 1 kilometer wide), but it has never seemed particularly (　キ　) lesser rocks — those that could only destroy, (　ク　), a city.

　　But at a press conference, earlier this year, former NASA astronaut Dr. Edward Lu announced that there are around one million asteroids in the Earth's vicinity* "with the (　ケ　) destroy a major metropolitan area." He showed an animated graphic to demonstrate how (　H　).

35 The graphic showed the Earth in orbit among the dangerous asteroids we knew about and were tracking — around 10,000 of them. (I) like this, our planet looked like a pedestrian walking along a busy street, not overly troubled. Then Lu changed the graphic to show "what it really looks like out there" with the Earth (J) through a million-
40 strong field of city-killing asteroids. I saw the same pedestrian now trying to run through a train station in the middle of rush hour, avoiding collisions purely (コ). "Blind luck," as Lu put it.

[Notes] *calamitous: creating great damage
*complacent: not worried about a situation, even though the situation may be dangerous
*detonation: a large explosion
*hunk: a large piece of something
*TNT: a powerful explosive substance (trinitrotoluene)
*vicinity: the area near a particular place
*whisk: move quickly

問1　本文中の(A)〜(J)に入れるのに最もふさわしい語句を選びなさい。

(A)　① are left with　　　　　　　② had left with
　　　③ have left with　　　　　　④ were left with

(B)　① had rung on　② has rung on　③ rang on　④ rings on

(C)　① had occurred　② has occurred　③ occurred　④ occurs

(D)　① had killed　　　　　　　　② has killed
　　　③ would have killed　　　　　④ would kill

(E)　① classified　　　　　　　　② classifies
　　　③ has classified　　　　　　④ was classified

(F)　① published　　　　　　　　② publishing
　　　③ was published　　　　　　④ were published

(G)　① has been tracking　　　　　② is tracking
　　　③ tracks　　　　　　　　　　④ was tracking

(H)　① much unprepared we are　② much we are unprepared
　　　③ unprepared we are　　　　④ we are unprepared

(I)　① Saw　　② See　　③ Seeing　　④ Seen

(J)　① having shot　② shooting　③ shoots　④ shot

問2　本文中の(ア)～(コ)に入れるのに最もふさわしい語句を選びなさい。

(ア)　① a couple dozens　　　　② a couple of dozen
　　　③ a dozen of　　　　　　④ dozen of

(イ)　① February　　　　　　　② in that February
　　　③ on that February　　　④ that February

(ウ)　① between three and ten times　② between three to ten times
　　　③ from three and ten times　　④ three and ten times

(エ)　① above　　　② apart　　　③ in　　　④ out

(オ)　① big enough　　　　　　② enough big
　　　③ enough small　　　　　④ small enough

(カ)　① as size as　　② size as　　③ size of　　④ the size of

(キ)　① concerned about　　　　② concerned with
　　　③ content about　　　　　④ content with

(ク)　① as we know　② example　③ it is said　④ say

(ケ)　① possibility of　　　　　② possibility to
　　　③ potential of　　　　　　④ potential to

(コ)　① at random　② at will　③ by chance　④ by mistake

（慶應大）

解答と解説

問1

(A) ④
▶ この文の主節の動詞は ripped で過去時制なので，空所を含む that 節内でも過去時制が適切。よって，**leave O with ～**「O に～を残す」の受動態で過去時制の ④ **were left with** が正解。② had left with は能動であり，left[leave] の目的語が不足するので文法的に不適切です。

(B) ②
▶ 文末の **ever since**「それ以来」から**現在完了**が適切で，② **has rung on**「ずっと鳴り続いている」が正解です。

(C) ③
▶ the explosion over Chelyabinsk「チェリャビンスク上空での爆発」は 2013 年 2 月という**過去の時点**に起こった出来事なので，過去時制が適切。よって，③ **occurred** が正解。

(D) ③
▶ 文の先頭が Had the meteor come down ...「もし隕石が落ちていたならば」で**仮定法過去完了の条件節**が示されているので，**仮定法帰結節**が適切で，③ **would have killed**「殺していただろう」が正解。

(E) ④
▶ **classify A as B** は「A を B に分類する」の意味で，ここでは A にあたる目的語がないので**受動態**にする必要があり，④ **was classified** が正解です。空所後の by certain astronomers は受動態の動作主を示しています。

(F) ①
▶ 空所から *Science* までが studies を修飾するので，「発表された」と考え，**過去分詞**の ① **published** が正解。

(G) ①
▶ For some time「しばらくの間」と but it has never seemed から**現在完了**が適切だと判断できるので，① **has been tracking** が正解。

(H) ③
▶ 他動詞 demonstrate の目的語になる名詞節を作るので，**語順は平叙文の語順**になります。we are very[much] unprepared の very[much] が疑問詞 how になったと考え，how unprepared we are「我々がいかに準備ができていないか」が適切なので，③ **unprepared we are** が正解です。

(I) ④
▶ カンマ後の our planet が文の主語なので，過去分詞で始まる**受動態の分詞構文**が適切です。よって，④ **Seen** が正解になります。

(J) ②

▶ 空所の前に with があることに注目し，〈with＋O＋C〉の【付帯状況】の分詞構文であることを確認します。「地球が素早く通り抜ける」という能動の意味関係が適切なので，② shooting が正解です。

問2
(ア) ②

▶ dozen は前に数を表す語句がある場合，複数形にはせず，さらに名詞が後続する場合は of を用いず，dozen を形容詞的に用います。よって，② a couple of dozen が正解で，「20数個の〜」という意味になります。

(イ) ④

▶ ④ that February で「その2月に」という副詞句になるので，前置詞は不要です。

(ウ) ①

▶ between *A* and *B*「AからBまで」を用い，**between three and ten times more likely to happen** で「3〜10倍起こる可能性がより高い」という意味になるので，①が正解です。③ from three and ten times は and ではなく，to でなければ表現が成立しません。

(エ) ②

▶ 空所後に前置詞 over があるので，副詞を入れる必要がありますが，**burst apart** で「爆発してばらばらになる」という意味になるので，② apart が正解です。

(オ) ①

▶ 副詞 enough は形容詞の後に置くので，① big enough が正解です。**big enough to matter** で「問題になるほど大きい」という意味になります。

(カ) ④

▶ ④ **the size of 〜** で「〜の大きさ」です。① as size as という表現はありません。

(キ) ①

▶ (be) **concerned about 〜** で「〜を心配して」という意味になるので，① concerned about が正解です。② concerned with 〜 は「〜に関係して」，④ content with 〜 は「〜に満足して」の意味です。

(ク) ④

▶ **say** には挿入句として「**例えば**」の意味があるので，④ say が正解です。① as we know「知っての通り」では意味が不自然です。

(ケ) ④

▶ 直後に原形の destroy があるので，④の the **potential to** *do*「…する可能性」が正解です。②の possibility は possibility of *doing* の形で用います。

（コ） ③

▶ 直後の **blind luck**「まったく偶然の幸運」から，③ **by chance**「偶然に」が適切です。

語句 asteroid 名「小惑星」，rip through 〜 熟「〜を切り裂く」，Chelyabinsk 名「チェリャビンスク（ロシアの都市）」，trail 他「〜を引きずる」，shallow 形「浅い」，radiate 他「〜を放射する」，onlooker 名「見物人」，redden 他「〜を赤くする」，peel 自「（皮などが）むける」，meteor 名「流星，隕石」，explode 自「爆発する」，prolong 他「（時間など）を長くする，引き延ばす」，bang 名「ドカンという音」，TNT 名「TNT 火薬」，steep 形「（角度・傾斜が）急な」，direct 他「〜を向ける」，might 名「力」，detonation 名「爆発」，calamitous 形「破滅的な」，potential 名「可能性，潜在的な力」，astronomer 名「天文学者」，complacent 形「のん気な」，magnitude 名「規模」，lump 名「塊」，to recap 熟「要約すると」，hunk 名「塊」，whisk 自「素早く動く」，the solar system 名「太陽系」，orbit 名「軌道」，collide 自「衝突する」，meteorite 名「隕石」，burn up 自「燃え尽きる」，vicinity 名「近所，付近」，metropolitan 形「大都市の」，animated 形「動画の」，graphic 名「図」，track 他「〜を追跡する」，pedestrian 名「歩行者」，blind luck 熟「まったくの偶然による幸運」

構文ポイント

ℓ.2 trailing ... と radiating ... はいずれも分詞構文。radiating so much light and heat that ... は so 〜 that ... を含み，「非常に多くの光と熱を放出したので…」。

ℓ.8 Had the meteor come down ... は仮定法過去完了の条件節。if の省略による倒置。at, rather than over, Chelyabinsk の at の目的語は over と同様に Chelyabinsk。

ℓ.11 an event of such calamitous potential that ...「大惨事になる可能性のある出来事だったので…」。of は属性を表し，「〜（の性質）を持った」。such 〜 that ...「とても〜なので…」。

ℓ.22 colliding ... は分詞構文で「…，そして衝突する」。

ℓ.29 those = rocks。

ℓ.35 the dangerous asteroids の後には関係代名詞の目的格（which［that］）が省略されている。

ℓ.40 saw the same pedestrian now trying to ... は知覚動詞 see の〈see + O + doing〉「O が…しているのを見る」の形。

ℓ.41 avoiding ... は分詞構文で「避けながら」。

133

全文訳 2013年2月，大きな小惑星がロシアのチェリャビンスク地域上空の大気を切り裂き，浅い角度で進入する際に長い煙の尾を引きながら，多くの光と熱を放射したため，見ていた人々には，赤らんだ顔と剥けかかった皮膚が残された。隕石が15マイル先で爆発した時，長く続くひどい衝撃音が聞こえ，それはある意味それ以来ずっと鳴り続いている音である。今では我々には，チェリャビンスク上空でのその爆発が500キロトンのTNT火薬，あるいは長崎の原爆20数個分に相当する威力で起こったことがわかっている。あの2月，隕石がもう少し急角度で落ちて来て，その爆発の力を上空ではなく，チェリャビンスクに向けていたならば，地上の何千人もの人々の命を奪ったであろう。チェリャビンスクでは誰も死ななかったが，それはかなり大惨事になる可能性のある出来事だったので，ある天文学者たちにより，その小惑星は「シティ・キラー（都市を壊滅させるもの）」と分類された。多くの者たちが，少々のん気にしてはいられないのではないかと今では考えている。

2013年11月，雑誌『ネイチャー』と『サイエンス』で発表された3件の一連の研究が，チェリャビンスク規模の衝突は，以前想定されていたよりも3倍から10倍起こる可能性が高いことを示唆した。12月，国連は国際小惑星警告ネットワークの創設を呼びかけた。新年になって，2014年最初の大きな岩石が到達するのには数時間しかかからなかったが，それは自動車大の塊で，1月1日に大西洋上空で爆発し，ばらばらになった。

要点をまとめると，小惑星は宇宙にある大きな岩石の塊で，太陽系で太陽の周回軌道を素早く回っているが，その進路を横切る物には何にでも衝突する。もしそれらが地球の大気圏に入れば，流星（meteor）と呼ばれ，地上に衝突するものは，隕石（meteorite）と呼ばれる。ほとんどの小惑星は小さく，地球の大気圏で燃え尽きるが，水泳プールの大きさ，つまり端から端まで20メートルであったチェリャビンスクの岩石のように，問題になるほど大きいものもある。しばらくの間，NASA（アメリカ航空宇宙局）は（少なくとも幅が1キロメートルある）巨大な小惑星を追跡してきたが，例えば，都市を1つ破壊する程度のより小さな岩石は特に心配はしていなかったようだ。

しかし，今年初頭の記者会見で，NASAの元宇宙飛行士のエドワード・ルー博士が，地球の近隣には「大都市圏を破壊する可能性のある」小惑星がおよそ100万個存在すると発表した。彼は動画を見せながら，我々がいかに準備不足であるかを説明した。その動画は，我々が知っていて，追跡している —— およそ1万個の —— 危険な小惑星に囲まれながら軌道を回る地球を示していた。このように見ると，私たちの惑星は，あまり心配もせずに往来の多い道を歩いている歩行者のように思えた。それから，ルー氏は図を変え，都市を破壊する総勢100万個ほどの小惑星の間を地球が素早くすり抜けている状況が「向こうでは実際にどんな感じなのか」を示した。同じ歩行者が今度は，まったくの偶然により衝突を避けながら，ラッシュアワーの真っただ中に鉄道駅を走り抜けようとしているのが私には見えた。ルー氏が言った通り，「完全な幸運だ」。

❷ 長文語句整序問題

〔1〕 **Read the passage and rearrange the seven words in (1) - (5) in the correct order. Then choose from ① - ④ the option that contains the third and fifth words.**

Three and five are prime numbers — that is, they are divisible only by 1 and by themselves. So are 5 and 7. And (1)(each / for / of / of / pairs / prime / these) numbers, the difference is 2. Mathematicians have long believed that there are an infinite number of such pairs, called twin
5 primes, meaning that there will always be (2)(a / larger / largest / one / pair / than / the) found. This supposition, the so-called Twin Prime Conjecture, is not necessarily obvious. As numbers get larger, prime numbers (3)(among / become / divisible / expanses / of / sparser / vast) numbers. Yet still — on rare occasions — two consecutive odd numbers
10 will both be prime, the conjecture asserts. The proof has been elusive. But last month, (4)(a / a / arrived / from / little-known / mathematician / paper) out of the blue at the journal *Annals of Mathematics*, said Peter Sarnak, a professor of mathematics at Princeton University and a former editor at the journal, which plans to publish it. The paper,
15 by Yitang Zhang of the University of New Hampshire, does not prove that there are an infinite number of twin primes, but it does show an infinite number of prime pairs whose separation is less than a finite upper limit — 70 million, for now. Dr. Zhang used 70 million in his proof — basically (5)(an / arbitrary / equations / his / large / number / where) work. "It's a deep insight," Dr. Sarnak said. "It's a deep result."
20

(1)　① *3rd*: prime　② *3rd*: pairs　③ *3rd*: of　④ *3rd*: these
　　　　5th: these　　　*5th*: of　　　　*5th*: pairs　　　*5th*: prime

(2)　① *3rd*: pair　② *3rd*: the　③ *3rd*: a　④ *3rd*: larger
　　　　5th: the　　　　*5th*: pair　　*5th*: larger　*5th*: a

(3)　① *3rd*: sparse　② *3rd*: expanses　③ *3rd*: vast　④ *3rd*: among
　　　　5th: vast　　　　*5th*: among　　　*5th*: sparser　*5th*: expanses

(4)　① *3rd*: mathematician　　　　② *3rd*: little-known
　　　　5th: from　　　　　　　　　　*5th*: from
　　　③ *3rd*: a　　　　　　　　　　④ *3rd*: from
　　　　5th: arrived　　　　　　　　*5th*: little-known

(5)　① *3rd*: where　② *3rd*: large　③ *3rd*: his　④ *3rd*: number
　　　　5th: large　　　*5th*: where　　*5th*: number　*5th*: his

（早稲田大）

解答と解説

英文中の (1) ～ (5) でそれぞれ 7 語を適切な順に並べ，その 3 番目と 5 番目にくる語を示した選択肢を①～④の中から選ぶ問題です。

(1) ③ 〔And (for each of these pairs of prime) numbers, ...〕

▶ each は形容詞の場合には単数名詞を後続させますが，ここでは修飾できる単数名詞がないので，each を代名詞と判断し，**each of ～**「～のそれぞれ」を作ります。次に **pairs of ～**「～のペア，組み合わせ」を続けますが，冠詞や指示詞などがないのは不自然なので，these pairs of ～ とし，その後に空所後の numbers とつながる prime を配置します。最後に残った前置詞の for を句の先頭に置いて完成です。

(2) ① 〔..., meaning that there will always be (a larger pair than the largest one) found.〕

▶ 先行する記述から「双子素数は無限にある」ということがわかるので，「見つかったものよりも大きなペアが常にある」という意味にすればよいと判断します。まず，空所前の be の補語として **a larger pair**「より大きなペア」を作り，比較級 larger に対応させる形で than を続け，比較の対象は **the largest one**「最大のもの」とし，空所後の found で修飾される形にします。one は a pair を指す代名詞です。

(3) ④ 〔..., prime numbers (become sparser among vast expanses of divisible) numbers.〕

▶ 空所前に主語が与えられているので，まず動詞 become を置き，その補語に形容詞の sparser を続け，「よりまばらになる」という意味にします。そして，前置詞 among の後に，**vast expanses of ～**「～の広大な広がり」を置き，最後に形容詞 divisible が空所後の numbers を修飾する形にして完成です。

(4) ④ 〔..., (a paper from a little-known mathematician arrived) out of the blue ...〕

▶ まず，**a paper arrived**「論文が届いた」という大枠を作り，主語の a paper を from a little-known mathematician「ほとんど知られていない数学者から」で修飾すれば完成です。

(5) ② 〔... basically (an arbitrary large number where his equations) work.〕

▶ 冠詞 **an** は母音で始まる形容詞の **arbitrary** の直前に来ることが明らかで，形容詞の後には名詞 **number** が必要です。そして，関係副詞 where の後に空所後の work の主語となる名詞 equations を配置すればよいと判断します。残った large は large equations「大きな方式」では明らかに不自然なので，numbers の前に置か

れることがわかります。最後に his を equations の前に配置して完成です。

語句 prime number 图「素数」，that is 熟「つまり，すなわち」，divisible 形「割り切れる」，mathematician 图「数学者」，infinite 形「無限の」，twin prime 图「双子素数」，supposition 图「仮定」，Twin Prime Conjecture 图「双子素数予想」，sparse 形「まばらな」，consecutive 形「連続した」，odd number 图「奇数」，assert 他「～と主張する」，elusive 形「見つけにくい」，out of the blue 熟「思いがけなく」，annals 图「紀要，年報」，separation 图「間隔」，arbitrary 形「任意の」，equation 图「方程式」

構文ポイント

ℓ.5　meaning that ... の意味上の主語は，believed that ... の that 節の内容。

ℓ.7　not necessarily obvious は部分否定で「必ずしも明白なわけではない」。

ℓ.15　does not prove that ...，but it does show ... は not *A* but *B*「A ではなく B」の表現。

全文訳　3と5は素数だ。つまり，それらは1とそれ自身以外では割ることができない。5と7も同様だ。そして，これらの素数の組それぞれに関して，その差は2である。数学者は長い間，双子素数と呼ばれるそのようなペアが無限にあると考えてきたが，それは，それまで見つかった最大のものよりも大きなペアが常にあるということを意味する。この仮定，いわゆる双子素数予想は，必ずしも明らかではない。数が大きくなるにつれ，莫大に広がる割り切れる数の間に，素数がよりまばらに点在するようになるのだ。それでもやはり，まれな場合には，2つの連続する奇数がどちらとも素数となると，この予想は主張する。証拠はなかなか見つからなかった。しかし，先月，ほとんど無名の数学者からの論文が思いがけなく『数学年報』誌に届いたと，プリンストン大学の数学の教授で，その論文の発表を予定しているこの雑誌の前編集者のピーター・サーナクが言った。ニュー・ハンプシャー大学の張益唐（Yitang Zhang）によるこの論文は，無限の数の双子素数があることを証明したのではなく，それが示したのは，とりあえず現時点では，その差が有限の上限 70,000,000 以下の素数の組み合わせが無限にあるということである。張博士は彼の証明に 70,000,000 を使ったが，それは基本的に，彼の方程式が成立する任意の大きな数である。「これは深い洞察だ」とサーナク博士は言った。「これは意味深い結果だ」。

〔2〕 Read the passage and rearrange the seven words in (1) - (5) in the correct order. Then choose from ① - ④ the option that contains the third and fifth words.

Each of us carries just over 20,000 genes that encode everything from the keratin in our hair down to the muscle fibers in our toes. It's no great (1)(own / came / where / from / our / mystery / genes): our parents bequeathed them to us. And our parents, in turn, got their genes from their parents. But where along that genealogical line did each of those 20,000 protein-coding genes get its start? That question has hung over the science of genetics (2)(ago / dawn / century / since / a / ever / its). "It's a basic question of life: how evolution generates novelty," said Diethard Tautz of the Max Planck Institute for Evolutionary Biology in Plön, Germany. New studies are now bringing the answer into focus. Some of our genes are immensely old, perhaps (3)(to / way / back / dating / all / the / the) earliest chapters of life on earth. But a surprising number of genes emerged more recently — many in just the past few million years. The youngest evolved after our own species broke off from our cousins, the apes. Scientists (4)(being / finding / into / are / genes / come / new) at an unexpectedly fast clip. And once they evolve, they can quickly take on essential functions. Investigating how new genes (5)(understand / help / become / scientists / important / may / so) the role they may play in diseases like cancer.

(1) ① *3rd*: our ② *3rd*: where ③ *3rd*: genes ④ *3rd*: own
    5th: genes   *5th*: came   *5th*: from   *5th*: came

(2) ① *3rd*: ago ② *3rd*: its ③ *3rd*: its ④ *3rd*: came
    5th: since *5th*: ever *5th*: a   *5th*: dawn

(3) ① *3rd*: back ② *3rd*: the ③ *3rd*: way ④ *3rd*: the
    5th: the   *5th*: back *5th*: back   *5th*: the

(4) ① *3rd*: genes ② *3rd*: genes ③ *3rd*: finding ④ *3rd*: new
    5th: being   *5th*: into   *5th:* genes   *5th*: come

(5) ① *3rd*: may
    5th: scientists
    ② *3rd*: important
    5th: help
    ③ *3rd*: scientists
    5th: understand
    ④ *3rd*: help
    5th: understand

（早稲田大）

(1) ① 〔It's no great (mystery where <u>our</u> own <u>genes</u> came from): …〕

▶ 空所前が It's no となっている点から，great の直後に mystery をまず配置し，**It's no great mystery …**「…はまったく大きな謎ではない」を作ります。その後に It が指す疑問詞 where を置き，where が導く節の主語 our own genes と述部の came from を続け，**where our own genes came from**「我々自身の遺伝子がどこから来たのか」とします。

(2) ③ 〔That question has hung over the science of genetics (ever since <u>its</u> dawn <u>a</u> century ago).〕

▶ 空所に先行する記述で has hung over という現在完了形が用いられている点に着目し，まず **ever since ～**「～以来ずっと」を作り，前置詞 since の目的語に its dawn「その夜明け（＝遺伝科学の黎明期）」を続けます。最後に a century ago「1 世紀前の」を置いて dawn の意味を限定します。

(3) ② 〔…, perhaps (dating all <u>the</u> way <u>back</u> to the) earliest chapters of life on earth.〕

▶ **date back to ～**「～に遡る」を利用しますが，分詞の dating と back の間に **all the way**「はるか」を挟み込み，dating all the way back to ～ で「はるか～に遡る」とします。最後に，最上級の形容詞のついた earliest chapters の前に the を配置して完成です。

(4) ④ 〔Scientists (are finding <u>new</u> genes <u>come</u> into being) at an unexpectedly fast clip.〕

▶ are と come という 2 つの動詞から接続詞が必要だと判断できますが，選択肢に接続詞が含まれていないので，finding の目的語となる **名詞節を導く that の省略** を考えます。よって，主語の Scientists に are finding を続け，that 節中の主語を new genes とした上で，**come into being**「生じる，出現する」を続けて完成です。

(5) ② 〔Investigating how new genes (become so <u>important</u> may <u>help</u> scientists understand) the role …〕

▶ まず how new genes の後に become so important を置き，「新しい遺伝子がどのように非常に重要になるか」とし，文の主語となる動名詞 Investigating の目的語となる名詞節を作ります。述部は〈助動詞＋動詞〉で may help とし，〈**help＋O＋do**〉「O が…するのを助ける」から scientists understand を続け，その目的語となる空所後の the role につなげます。

語句 gene 图「遺伝子」, encode 他「〜をコード化する」, keratin 图「ケラチン（毛髪の主成分となるたんぱく質）」, fiber 图「繊維」, bequeath 他「〜を後世に残す」, in turn 熟「（今度は）代わって」, genealogical 形「系統的な」, protein-coding 形「たんぱく質をコード化する」, get *one's* start 熟「始まる」, hang over 〜 熟「〜に重くのしかかる」, genetics 图「遺伝学」, dawn 图「夜明け，黎明（期）」, generate 他「〜を発生させる」, novelty 图「新しいもの」, Max Planck Institute for Evolutionary Biology 图「マックス・プランク進化生物学研究所」, Plön 图「プレーン（ドイツ北部シュレスビヒ・ホルシュタイン州にある町の名）」, bring 〜 into focus 熟「〜に焦点を当てる」, immensely 副「莫大に」, chapter 图「（歴史などの区切りとなる）時期」, emerge 自「生じる」, break off 熟「分かれる」, ape 图「類人猿」, unexpectedly 副「予期せぬほど」, clip 图「素早い動き，早足」, take on 〜 熟「〜を引き受ける，（性質）を帯びる」, disease 图「疾病」

構文ポイント

l.1 everything from 〜 down to ... 「〜から…まですべて」。

l.5 where along that genealogical line 「その系統図のどこで」。line は線で示される図のこと。

l.14 many = many genes。後ろに emerged が省略されている。The youngest ＝ The youngest genes。

l.15 the apes は直前の our cousins を同格的に説明。

l.17 once は接続詞で「いったん…すると」。

l.19 the role they may play は role の後に関係代名詞目的格が省略されている。play the role「役割を果たす」。

全文訳 我々はそれぞれが2万をわずかに超える遺伝子を持っていて，それが髪の毛のケラチンから足の爪先の筋肉繊維までのすべてをコード化している。我々自身の遺伝子がどこから来たのかは，まったく大きな謎ではない。我々の両親がそれらを我々に残してくれたのだ。そして我々の両親は，同様に，自分たちの両親から遺伝子を受け取ったのだ。しかし，その系統図のどこで，そうした2万のたんぱく質をコード化する遺伝子のそれぞれが始まったのだろうか。その疑問は，100年前のその黎明期以来ずっと遺伝科学に重くのしかかっている。「生命に関する基本的疑問なのです。進化が新しいものをどのように生み出すのかということが」と，ドイツのプレーンにあるマックス・プランク進化生物学研究所のディートハルト・タウツは語った。新しい研究が，今その答えに焦点を当てつつある。我々の遺伝子の一部はものすごく古く，ひょっとすると地球上の生命の最も初めの時期にまではるかに遡るかもしれない。しかし，驚くほどの数の遺伝子がもっと最近になって出現したのであり，多くはわずかこの数百万年の間にである。最も新しいものは，我々自身の種がそのいとこにあたる類人猿から分かれた後に進化した。科学者たちは，予想できないほど速いペースで新しい遺伝子が生まれてくることをわかりつつある。そして，いったんそれらが進化すると，素早く基本的な機能を帯びるようになる。新しい遺伝子がどのようにそれほど重要になるのかを調査することは，科学者がそうした遺伝子がガンのような疾病において果たし得る役割を理解する手助けとなるかもしれない。

〔1〕 次の (1) ～ (5) の各文には 1 か所誤りがある。誤りの箇所を下線部①～④の中から 1 つ選びなさい。

(1) The earliest American lighthouses ①saved the lives of many sailors but often imperiled the lives of their keepers. ②Putting it aside the risks of storms, lightning, and extreme isolation, a keeper had to maintain a constantly burning fire, ③fueled by highly combustible whale oil, many stories ④off the ground, inside a narrow, rickety wooden structure.

(2) This did not always go well. The whales of Nantucket ①had their revenge when the island's first lighthouse ②burned to the ground because of an overturned lamp ③filling with whale blubber. Rhode Island's first ④lighthouse suffered the same fate in 1753, four years after its construction.

(3) In the 1780s, ①innovations in lamp and fuel technology ②made lighthouses safer, brighter, and more efficient — at least in Europe. While American ③travelers marveled at the startling superiority of British and French lighthouses, American ④lighthouses became to a national embarrassment.

(4) This ①was largely due to the machinations* of two men of low character and ②high bureaucratic stand. Winslow Lewis was a Cape Cod importer who ③was put out of business by President Jefferson's Embargo of 1807, which ④prohibited American ships from sailing to foreign ports.

(5) ①Having impressed by the quality of the Argand lamp, a lantern made with brass ②tubes invented by a Swiss physicist in 1782 and ③commonly used in European lighthouses, he ④patched together his own version.

[Notes] *machinations: intrigues, plotting

（上智大）

解答と解説

(1) ② Putting it aside → Putting aside

▶ ②の **Putting aside**「〜は別にして」は目的語を 1 つしか取れません。代名詞 it を目的語としてしまうと，aside の後の the risks of storms, lightning, and extreme isolation が文中で目的語になれなくなります。したがって，②の it を削除して，the risks 〜 isolation を put aside の目的語にします。

(2) ③ filling with whale → filled with whale (blubber)

▶ ③の fill は他動詞で，能動の filling で後ろに目的語となる名詞句がないのは不適切です。ここでは，③の前の an overturned lamp「ひっくり返ったランプ」が「（鯨油で）満たされていた」という受け身の意味が適切なので，現在分詞 filling を過去分詞の **filled** にしなければなりません。

(3) ④ lighthouses became to → lighthouses became

▶ ④の動詞 become は直後に補語として働く名詞句・形容詞句がくる第 2 文型〈S＋V＋C〉の動詞で，補語の前に**前置詞は不要**です。したがって，④の to を削除する必要があります。

(4) ② high bureaucratic stand → high bureaucratic standing

▶ ②の high bureaucratic stand は直前の low character とともに，その前の前置詞 of と結びついて，two men を修飾しています。ここでは，low character「低い品性」との意味的な対比から，stand「見解，立場」ではなく，「地位」という意味を持つ standing とし，**high bureaucratic standing**「高い官僚的地位」とすべきです。two men of low character and high bureaucratic standing で「品性は低いが，高い官僚的地位にある 2 人の男」という意味になります。

(5) ① Having impressed → Having been impressed
[または Impressed]

▶ ①の Having impressed は分詞構文になっていますが，動詞 impress は「〜を感動させる」という他動詞です。ここでは impressed の目的語がなく，また，この文の主節の主語は④の前にある he で，「（彼は）感動させた」のではなく，「（彼は）感動した」という意味が必要なので，能動ではなく，**受動の分詞構文**とすべきです。よって，①は **Having been impressed** という分詞の完了形の受動態にします。なお，この Having been は省略も可能です。

語句 imperil 他「〜を危険にさらす」，fuel 他「（燃えるものを）入れる，くべる」／名「燃料」，combustible 形「可燃性の」，story 名「（建物の）階」，rickety 形「おんぼ

142

ろの，壊れそうな」，Nantucket 图「（米国マサチューセッツ州にある）ナンタケット島」，have *one's* revenge 熟「復讐する，恨みを晴らす」，blubber 图「脂肪，脂身」，Rhode Island 图「（米国の北東部の）ロードアイランド州」，machination 图「陰謀，謀略」，Cape Cod 图「（米国マサチューセッツ州の）コッド岬」，be put out of business 熟「失業する」，embargo 图「禁輸令，禁止命令」，patch together 熟「〜を継ぎ合わせる」

構文ポイント

(1) many stories off the ground, inside a narrow, rickety wooden structure はどちらも，場所を示す副詞句。

(2) suffered the same fate「同じ運命を経験することになった」は直前の文の burned to the ground「焼け落ちた」ということ。

(3) made lighthouses safer, brighter, and more efficient は〈make＋O＋C〉の第5文型で，C が safer, brighter, and more efficient という3つの比較級の形容詞。

(4) which prohibited American ships from sailing to foreign ports の関係代名詞 which の先行詞は，President Jefferson's Embargo of 1807。

(5) a lantern made with brass tubes は前にある the Argand lamp を同格的に説明する句。and commonly used ... の and は前の made と used という2つの過去分詞をつなぐ接続詞で，どちらの過去分詞も a lantern を修飾。

全文訳

(1) 最初期のアメリカの灯台は，多くの船乗りの命を救ったが，しばしば灯台守の命を危険にさらすことになった。灯台守は嵐や雷そして極端な孤立の危険はもちろんのこと，地上から何階分も上の，狭くおんぼろの木造建築の中で，可燃性の高い鯨油を燃料とする火を絶え間なく燃やし続けなければならなかったのである。

(2) これは必ずしもうまくいかなかった。ナンタケット島の最初の灯台が鯨の脂で満たされたランプがひっくり返ったために全焼した時，鯨は恨みを晴らせたのだった。ロードアイランドの最初の灯台も，建設から4年後の1753年に同じ目に遭っている。

(3) 1780年代，ランプや燃料の技術革新により，少なくともヨーロッパでは，灯台はより安全で明るく，効率的なものとなった。イギリスやフランスの灯台の驚くほどの優秀さにアメリカ人旅行者が驚嘆した一方で，アメリカの灯台は国の恥部となった。

(4) これは，性格が悪く，官僚的な立場が強い2人の男の策略によるところが大きい。ウィンスロー・ルイスはコッド岬の輸入業者であったが，ジェファーソン大統領の1807年の出港禁止令により，アメリカ船の外国の港への航行を禁止され，商売ができなくなった。

(5) 1782年にスイスの物理学者によって発明され，ヨーロッパの灯台でよく使われていた真鍮製の管でできたランタン，アーガンド・ランプの品質の高さに感銘を受けた彼は，工夫を凝らして自分なりの製品を作った。

〔2〕　次の(1)～(10)の各文には1か所誤りがある。誤りの箇所を下線部①～④の中から1つ選びなさい。

Studying in the US: Writing College Papers

(1) *Academic writing in America means ①getting ②to ③the point quickly, stating ideas clearly and ④support them with evidence. This is the VOA Special English Education Report.*

(2) Today in our Foreign Student Series we ①discuss about writing college papers. Writing a term paper, research paper ②or essay for a college class is ③a kind of academic writing. Academic writing ④among professionals is a way to create new knowledge.

(3) A professor ①assigns students to write a paper. The students examine an issue, ②review what is already known, ③think what they have learned and ④come to some conclusion.

(4) This means that each ①student-writers must present information and also take a position. The student ②might support an idea, ③question it or even disprove it. Or the writer could show how the subject may be understood better or in a different way than ④it has been. And the student must support the position with evidence.

(5) Cultural differences may interfere when international students try to write this way. ①Writing teachers say students in many countries ②have learned to write beautiful descriptions about something ③without ever stating the main idea. American college students ④are expecting to state their main idea at the beginning of the paper.

(6) In other cultures, paragraphs may ①be organized to build toward the main idea, ②which reveals at the end. But in the United States, the main idea of each paragraph ③should be in the first sentence. ④Another difference is about writing style. Other cultures may use lots of descriptive words. But American English values short, strong sentences.

(7) Teachers at the writing center at Purdue University in West Lafayette, Indiana, ①work with students to ②improve their writing. Graduate tutor Lars Soderlund says non-native English speakers generally have some ③troubles ④with English grammar.

(8) He says ①their sentences may be too long. Or they incorrectly

use ②<u>article such as</u> "a", "an" and "the." He also says non-native speakers generally use ③<u>too much</u> emotional language and give ④<u>too many</u> details before getting to the main idea.

(9) The associate director of the writing center, Tammi Conard-Salvo, says international students should ①<u>look online for</u> materials ②<u>that</u> <u>explains</u> the kind of ③<u>writing they will be required to do</u>. They should ask their professors for help. Most colleges have a writing center ④<u>where</u> they can get free individual help with their work.

(10) Links to writing center materials ①<u>can be found</u> ②<u>on</u> our Web site, voaspecialenglish.com. And ③<u>that's the</u> VOA Special English Education Report, ④<u>writer</u> by Nancy Steinbach. I'm Jim Tedder.

（上智大）

(1) ④　support → supporting

▶ 動詞 means の目的語が A, B and C という形で列挙されているので, getting ～, stating ～ and **supporting** とすべて**動名詞にする必要**があります。よって, ④ support が誤りです。

(2) ①　discuss about → discuss

▶ 動詞 **discuss は他動詞**なので, 目的語の前の**前置詞 about は不要**です。よって ① discuss about の about を削除します。

(3) ③　think what they have learned → think about[of] what they have learned

▶ 動詞 think は疑問詞節を目的語とする他動詞用法が可能ですが, ③の what they have learned は「彼らが学んできたこと」という意味で, what は疑問詞ではなく, **関係代名詞**です。よって, ここでは ③の think は自動詞用法が適切なので, **think about[of] ～「～について考える」**に直す必要があります。

(4) ①　student-writers → student-writer

▶ each が形容詞の場合は, 修飾を受ける**名詞は単数形**になります。よって, ① student-writers を単数形の **student-writer** に直します。なお, ④ it has been は the subject has been (understood) ということで,「これまでに理解されてきた(よりも)」という意味になります。

(5) ④　are expecting → are expected

▶ expect to *do* は「…するつもりである」という意味になりますが, ここでは,「学生が述べることを期待<u>されている</u>」という意味にする必要があるので, 〈expect + O + to *do*〉の受動態と考え, ④ are expecting を **are expected** に直します。

(6) ②　which reveals → which is revealed

▶「～を明らかにする」という意味の他動詞 reveal の**目的語が不足**しているので, ② which reveals を which **is revealed** という受動態にする必要があります。

(7) ③　troubles → trouble

▶「苦労, 困難」という意味の **trouble は不可算名詞**なので, ③ troubles を単数形の **trouble** に直します。

(8) ② article such as → articles such as

▶ such as 以下に a, an, the という 3 つの冠詞が示されているので，② article は複数形の articles にしなければいけません。

(9) ② that explains → that explain

▶ ② that explains の関係代名詞 that の先行詞が直前の **materials** で複数形の名詞なので，3 人称単数現在の -s は不要です。よって，**explain** に直す必要があります。

(10) ④ writer → written

▶ ④ **writer** は可算名詞なので単数無冠詞で用いるのは明らかに不自然です。ここでは，後に by があることから，**written** にすれば正しくなります。

語句 academic writing 名「アカデミック・ライティング（学術的著述）」，get to the point 熟「要点を述べる」，VOA 名「Voice of America（アメリカ政府による国営放送）」，term 名「学期」，conclusion 名「結論」，disprove 他「～に反証する」，subject 名「主題，テーマ」，interfere 自「邪魔をする」，paragraph 名「段落」，descriptive 形「説明を含む」，Purdue University 名「パーデュー大学（インディアナ州ウェスト・ラファイエットにある公立大学）」，graduate 形「大学院の」，tutor 名「（大学の）準講師」，non-native 形「母語話者ではない」，article 名「冠詞」，associate director 名「副センター長」

構文ポイント

(2) Writing a term paper ... a college class が is の主語。

(3) 主語 The students に対して，examine ～，review ～，think ～，and come ～ と 4 つの述語動詞が列挙されている。

(4) better と different がそれぞれ than と結び付いている。better than ～「～よりよく」，different than ～「～とは異なる」。

アメリカでの学び：大学でのレポート執筆

(1) アメリカでのアカデミック・ライティング（学術的な著述）は，素早く要点に触れ，意見を明確に述べ，そしてその意見を証拠で裏付けることを意味します。この番組は，VOA スペシャル・イングリッシュの教育レポートです。

(2) 今日の「留学生シリーズ」では，大学で論説文を書くことについて議論します。大学の授業で学期末のレポート，研究論文や小論文を書くことは，一種のアカデミック・ライティングです。専門家の間でアカデミック・ライティングを行うことは，新しい知を創造する方法です。

(3) 大学教授は学生に論文を書く課題を出します。学生は問題を分析し，すでに知られていることを再検討し，自分が学んできたことについて考え，何らかの結論に至ります。

(4) このことは，書き手であるそれぞれの学生が情報を提示し，また，ある立場を取らなければいけないことを意味します。学生はある見解を支持したり，疑ったり，あるいは反証したりするかもしれません。あるいは，書き手はどのようにしたらテーマがこれまでよりもさらによく，あるいはこれまでとは違った方法で理解されるのかを示す場合もあります。そして，学生はその立場を証拠で裏付けなければなりません。

(5) 留学生がこのように文章を書こうとする時に，文化の違いが妨げになることがあります。ライティングの教師が言うには，多くの国の学生は本題をまったく述べずに，何かについて美しい記述を書くことを身につけています。（しかし，）アメリカの大学生は論文の最初に本題を述べることが求められます。

(6) 他の文化では，主題に向けて段落が組み立てられていき，最後に主題が明らかにされる場合もあります。しかし，アメリカではそれぞれの段落の主題は最初の文にあるべきなのです。もう１つの違いは，書き方のスタイルに関することです。他の文化では多くの説明的な言葉が用いられることがあります。しかし，アメリカの英語では短く，強い文が高く評価されます。

(7) インディアナ州ウェスト・ラファイエットにあるパーデュー大学のライティング・センターの教員たちは，学生と協力しながら，彼らのライティングの向上に取り組んでいます。大学院生チューターのラーズ・ソダールンドは，英語の非母語話者は一般的に英文法に何らかの問題があると言っています。

(8) 彼らの書く文は長すぎることがあると彼は言います。あるいは，彼らは a, an, the といった冠詞を間違って使うのです。非母語話者は概して感情的な言葉を使いすぎ，主題に行きつく前に多くの詳細を示しすぎるとも彼は言っています。

(9) ライティング・センターの副所長であるタミ・コナード＝サルボは，留学生は自分たちが要求されている種類の文章を説明してくれる教材をオンラインで探すべきだと言っています。彼らは教授に助けを求めるべきなのです。大半の大学にはライティング・センターがあり，そこでは課題に関して個別の援助を無料で受けられるのです。

(10) ライティング・センターの教材へのリンクはウェブサイト voaspecialenglish.com にあります。以上，ナンシー・スタインバックによる VOA スペシャル・イングリッシュ教育レポートでした。ジム・テダーがお伝えしました。

〔3〕 次の下線部 (1) 〜 (5) には，文法上あるいは文脈上，取り除かなければならな
い語が一語ずつある。該当する語とその直後の一語，合わせて二語をその順に記せ。
文の最後の語を取り除かなければならない場合は，該当する語と× (バツ) を記せ。
カンマやピリオドは語に含めない。

(1) Of all the institutions that have come down to us from the past
none is in the present day so damaged and unstable as the family has.
(2) Affection of parents for children and of children for parents is
capable of being one of the greatest sources of happiness, but in fact
at the present day the relations of parents and children are that, in
nine cases out of ten, a source of unhappiness to both parties. (3) This
failure of the family to provide the fundamental satisfaction for which
in principle it is capable of yielding is one of the most deeply rooted
causes of the discontent which is widespread in our age.

For my own part, speaking personally, I have found the happiness
of parenthood greater than any other that I have experienced. (4) I
believe that when circumstances lead men or women to go without
this happiness, a very deep need for remains unfulfilled, and that this
produces dissatisfaction and anxiety the cause of which may remain
quite unknown.

It is true that some parents feel little or no parental affection, and
it is also true that some parents are capable of feeling an affection for
children not their own almost as strong as that which they feel for
their own. (5) Nevertheless, the broad fact remains that parental
affection is a special kind of feeling which the normal human being
experiences towards his or her own children but not towards any of
other human being.

（東京大）

(1) has , ×

▶ none is ... *so* damaged and stable *as* ... で原級比較が用いられている点に注目します。ここでは，none（＝ no other institution）と the family が比較対象であり，動詞は damaged and stable を補語とする be 動詞の is なので，**文末の has では不適切で，is にする必要があります**が，この is は省略可能です。よって，**has を削除する**ことになります。

(2) that , in

▶ the relations of parents and children are の補語の位置に that が置かれていますが，挿入句である in nine cases out of ten の後を確認すると a source of unhappiness という名詞句だけで，動詞が含まれていないため，〈S＋V〉の節になっていません。よって，**that を削除し，名詞 a source of unhappiness を動詞 are の補語にする**必要があります。

(3) for , which

▶ for which を関係詞節中に戻すと，yielding for which となりますが，yield の自動詞用法では，yield for 〜 という形は用いられません。ここでは意味的に「〜を生み出す」という他動詞用法が適切なので，前置詞は不要であり，**for を削除します。**

(4) for , remains

▶ need for 〜 では「〜を求める欲求」という意味ですが，後続する remains は，ここでは「残存物，遺物」を意味する名詞ではなく，**unfulfilled を補語とする動詞**として用いられているため，for の目的語が不足しています。よって，**for が不要**となります。

(5) of , other

▶ any of 〜「〜の誰［どれ］も」に後続できるのは不可算名詞か可算名詞の複数形です。ここでは (other) human being という可算名詞の単数形が後続しているので，**of を削除し，any other human being「他のどんな人間も」**とすれば正しくなります。

語句 institution 名「制度」, come down to 〜 熟「〜に伝わる，受け継がれる」, unstable 形「不安定な」, in nine cases out of ten 熟「十中八九（は）」, party 名「当事者，関係者」, in principle 熟「原則として，原理上は」, yield 他「〜を生み出す」, rooted 形「根深い」, discontent 名「不満」, widespread 形「広がった」, for *one's* (own) part 熟「〜に関する限り，〜としては」, parenthood 名「親であること」, circumstance 名「周囲の事情，状況」, lead 〜 to *do* 熟「〜に…させる」, go without 〜 熟「〜なしで生きる」, unfulfilled 形「満たされていない」, dissatisfaction 名「不満」, broad 形「明らかな」

l.1 that で導かれる関係詞節は past までで先行詞は the institution。文の主語は none。

l.3 of parents for children と of children for parents の両方が文頭の Affection を修飾。

l.6 This failure of the family to provide は failure to *do*「…できないこと」で，of the family は意味的に failure の主語。文の主語 The failure に対する述語動詞は *l.8* の is で，one of 以下がその補語。

l.10 found ₀the happiness of parenthood ᴄgreater は第 5 文型で「O を C と思う」の意。

l.12 接続詞 when が導く節は this happiness までで，that 節中の主語は a very deep need。

l.13 and that は *l.11* の believe の 2 つ目の目的語となる that 節。

l.14 cause of which の関係代名詞 which の先行詞は，that 節中の this produces dissatisfaction and anxiety の内容。

l.18 not their own は直前の children を修飾。that は an affection を指す代名詞。for their own は後に children が省略されている。

l.19 that は the broad fact の内容を導く同格の接続詞。

l.20 which は experiences の目的語に相当する目的格関係代名詞。

l.21 towards his or her own children but not towards any other human being は *A* but not *B* で「A であり，B ではない」の相関表現。

全文訳 私たちが過去から受け継いできたあらゆる制度のうち，現代において家族ほど傷つき，不安定になっている制度はない。親の子に対する愛，そして子の親に対する愛は幸福を生み出す最高の源の 1 つであり得るものであるが，実際，現代において親子の関係は，十中八九，両者にとって不幸の源になっている。このように家族が，それが生み出すことが原理上可能である基本的な満足感を提供できないことは，不満の最も深くに根差す原因の 1 つになっており，それが現代に蔓延している。

私に関する限り，個人的に言えば，親である幸福を，自分がこれまでに経験してきたどの幸福感よりも大きなものだと思っている。私が思うに，状況により男女がこうした幸福感を感じずに暮らさなければならない時，非常に深い欲求が満たされないままとなり，そして，このことが不満や不安を生み出すのだが，その原因はまったくわからないままなのかもしれない。

確かに親としての愛情をほとんどあるいはまったく感じない親もいるし，また，自分の子ではない子供に自分の子に感じるのと同じくらい強い愛情を感じることができる親がいることも確かである。にもかかわらず，親の愛情は普通の人間が，他のどの人間に対してでもなく，自分自身の子に対して経験する特殊な感情であるという明らかな事実に変わりはない。

第 3 部英文出典一覧：

① 〔1〕Dear Jane, Jane Fonda, from *Dear Me: A Letter to My Sixteen-Year-Old Self*, Joseph Galliano © 2009, Simon & Schuster UK Ltd.　〔2〕*CAMBRIDGE ENCYCLOPEDIA OF THE ENGLISH LA* © David Crystal, Cambridge University Press. Reproduced with permission of the Licensor through PLSclear　〔3〕*Asteroids: between a rock and a hard place*, Tom Lamont from The Guardian. Copyright Guardian News and Media Ltd 2019

② 〔1〕*Solving a Riddle of Primes*, Kenneth Chang from The New York Times © 2013, The New York Times　〔2〕*The Continuing Evolution of Genes*, Carl Zimmer from The New York Times © 2014, The New York Times

③ 〔1〕Adapted from Rich, N., *To the Lighthouse*. The New York Review of Books. May 26, 2016　〔2〕*Studying in the US: Writing College Papers* © 2009, Voice of America　〔3〕Reproduced from *CONQUEST OF HAPPINESS RC*, 1st Edition by Bertrand, Russell, published by Routledge. © Taylor and Francis Books UK, 2006

＊すべての解答・解説・訳は旺文社が独自に作成。